文学、社会、歴史の中の女性たち〈I〉

学際的視点から

白百合女子大学「21世紀の女子大学における
ジェンダー教育・研究確立への試み」研究会

長島世津子
釘宮　明美［編著］

陳　芳明　呉　佩珍
福田　耕介　土屋　宏之
平沢　竜介　紀　大偉
猪狩　友一　岩政　伸治
宮沢　賢治

丸善プラネット

キャンパスの四季

チャペル内
シャルトルブルーの
ステンドグラス

満開の桜とチャペル

本館ステンドグラス　葡萄の木

正門より続く緑の小径
「青春の日にあなたの創造主を心に留めよ」

待降節に行われるツリーの点灯式

紅葉に染まる図書館「真理は自由にする」

雪景色を望む

ヒマラヤ杉の大クリスマスツリー

序に代えて——本学における女子教育のルーツをたどりながら

本研究会は、二〇〇九年に学科横断的に本学教員有志一三人から始まった任意のグループである。三年目を迎える今年度これまでのジェンダーを切り口にした研究をまとめながら、女子教育のこれからの方向性を模索する一つのよすがとすることとした。その出発点は、経営母体であるシャルトルの聖パウロ女子修道会の創立のいきさつにまで遡る。

ルヴェヴィルの「学校の娘たちの会」

本学は、今日、次第に稀少価値を高めつつある女子大学の一つとして、十七世紀末にフランスのルヴェヴィルという村で誕生したシャルトルの聖パウロ女子修道会が十九世紀に来日して創設したものである。その会の始まる契機となったのは、その小さな村の極限までの貧しさと、その結果としての無知の蔓延であった。その読むこと、書くこと、働くこと、祈ることすら学ぶことなく、打ち捨てられたような状態であった貧しい村の子どもたちに教育を与えることを通して、物質的、精神的に荒廃したその社会を立て直そうとしたものである。

社会の救済を実現するに際して、まずその核となる敬虔で献身的な若い女性たちの共同体づくりから始めたことは興味深い。すなわち教育を受けるチャンスがなかった村の子どものために、まず良い教師を育

ルヴェヴィル —— 揺籃の地

読み書きを教える「学校の娘」　白百合女子大学HPより

てることから着手したということである。何といっても教育は力である。その力に助けられて、人間は自己特有の可能性に目覚め、それを開花することを通して社会に貢献する道筋を獲得するのである。ただしその可能性がより人間的な深みに根ざし、真善美の広がりの中に位置づけられるよう、その方向を共に探す手助けを担うのが教師なのである。

ルヴェヴィル村における教師（養成）の共同体は「学校の娘たちの会」と呼ばれた。彼女たちは幼い子どもたちには読み書きやカトリック要理を教え、年かさのいった女の子たちには基本的な学力をつけさせると同時に、当時の女性観に従って将来の家庭における主婦や母としての役割を果たせる能力を身につけさせた。裁縫・編み物、洗濯、アイロンかけ、糸紬ぎといった技芸は、同時にたとえささやかでも経済力を持てる技能でもあったのである。

「学校の娘たちの会」は、それだけにとどまらなかった。それが終わると自ら用意したスープを携えて病人たちの訪問に出かけ、終日の激務の後はロザリオの祈りを唱え、霊的読書に耳を傾けながら、自分たちの生活を支える報酬を得るべく夜更けまで手仕事を続けていたという。彼女たちにとって全てを統合するものは、一人一人の人間を愛を持っておつくりになり日々その存在を支えたもう神の愛を知ること、その神に祈ること、そして愛を実行することであった。それをヘッドレベルで教えることなく、自ら共同生活を通して体現しようとする努力を尽くしていたのである。

この共同体は、やがては修道会へと発展していく母体となるものであるが、当初から修道会を目指していたわけではなかった。創立者であるルイ・ショーヴェ師が修道女を意味するスールという身分を共同体のメンバーに与えることを当初固く避けていた事実も伝えられている。近年の神学における模索の末、第二バチカン公会議以降信徒たちのこうした共同体は完徳のグループ（group of perfection）として認められるところとなるのであるが、その先駆け的な試行錯誤といえないであろうか。その共同体が村の学校の、ひいては村の有機的結束と絆の要となっていたのである。

女子大学の置かれた今日的状況へのチャレンジ

この「学校の娘たちの会」と呼ばれた共同体を、今日の女子大学における女子教育のあり方としてどこまでも類比的にたどれるわけではない。時代背景も社会の諸状況も大きく変化し、多元的な価値観の中で個人主義的な意識が若者たちを取り巻いている。カトリック大学がその世界観に基づいて共同体的キリスト教ヒューマニズムをうたっているとはいえ、教員たちはルヴェヴィルの若い女性たちのような共同生活を営んでいるわけではないし、信仰を一にしているわけでもなく、また男女入り混じった構成である。おのおの家庭を持った生活者であり、また会議や研究に絡め取られて学生たちとの時間を確保できない悩みを抱えている今日である。教員たちを取り巻く社会状況は一段と高度成長を支える科学技術のもたらす豊かさに依存し、経済力をつけるためのキャリア支援体制に重点をおくことが大学の役割として期待されがちで、教養教育は身を潜めつつある。かつてテクネー（実利）でなくテオリアの優位、すなわち普遍的真理のみに仕え愛し求める〝自由人〟たちのアカデミアとはまさに隔世の感がある。

家族的な規模であった本学もこの二、三十年の間に拡大し、学生の人数の増加に比例して教員の人数も増えたため、専門領域が異なれば人間関係も全く接点のないままでいることが普通になった。学生間もまた、しかりである。これまでカトリック大学において、その共同体精神のコアとなり学校共同体としての教育理念を支えてきた修道会が、今日深刻な人員不足と高齢化を余儀なくされているのが現実と言わねばならない。

にもかかわらず、ルヴェヴィルの小さな村の共同体は、そうした今日の文明、社会状況からの「言い訳」に対して、一歩も譲らない信念を持って女子教育に臨んでいた。無論、彼女たちは大学教育を授けていたわけではない。ただしそこにそのまま高等教育にまで敷衍されていく方向性の萌芽が、映し出されているのではなかろうか。

私たちには英雄的とも思われるような彼女たちが追い求めた教師としての姿勢は、信仰を深め、知性を磨きながらも、自身の生活の糧のために技能を用い、貧しい人々に献身的に援助することを通して彼らを奮起させ、人々自身の力で苦難に打ち勝とうと立ち上がるよう働きかけていくことであった。

そうした生きたモデルを見ることのできた村の女の子たちは、自らの力で苦難を打開できる知性と信仰、生きるための技能と自立した精神を培っていくことの意味をより深く理解できたことであろう。それと同時に病み苦しむ人々への愛とケア、弱い立場の人々のニーズへの奉仕を不可分のものとするその共同体の目標は、そのまま世界三六ヶ国にわたって今日存在する姉妹校の教育の根底を流れる基本的な方向性となるはずのものである。

今日の課題とその模索の始まり

一九六〇年代ベティ・フリーダンの「The Feminine Mystique」から始まった社会における男女の対等な機会の確保、同一価値労働同一賃金を求める第二波女性解放運動に端を発した意識改革の流れを受けて、国連が一九七五年を国際婦人年と定め、第一回世界女性会議が開かれた。以後五年ごとに開催されることになった世界女性会議の中で、女子差別撤廃条約の批准を通して国際社会は着実に変わっていった。それに伴ってこれまでのような意識――男は社会で働き、女は家事育児に専念するという固定的性役割分業意識に根ざした良妻賢母

「CEDAWとは…」女性学のクラス風景

「葉っぱのフレディ」を読む木陰の授業

としての女性を育成する女子教育も大きく見直されることになった。性差にすがっていればよかった時代から、個人差に焦点が当てられることになった。二十一世紀における女子大学の方向は、従って女子学生たちが自立した一人の人間として社会において成熟をとげながらそれぞれの仕方で社会に貢献できるようエンパワーする使命を帯びたのである。

ジェンダー関連の課目をそうした〝時の印〟に応えるべく整えると同時に学内的にも文学部のみで成り立っている本学の教員有志が二〇〇九年から各学科の枠組みを超えた研究会「二十一世紀の女子大学におけるジェンダー教育・研究確立への試み」を遅まきながら立ち上げた。学科の枠を超えてそれぞれの専門領域にジェンダーの観点より光をあてるためである。各学科特有の持ち味ある多様な切り口から社会・文化・歴史を通して浮かび上がってくる女性の姿を映し出そうとする学際的な試行錯誤が始まることとなった。一三名のメンバーのうち四名のみが女性という特異な構成もユーモラスに、長いタイトルに掲げられた「旅」を和気合い合いと始めたのである。

これまで毎月研究会を実施するとともに、リレー講義を全員の協力で立ち上げ、全学共通科目として学生たちにその成果を発表する授業科目（四単位）を開設したため、今では受講者の多い人気講座に成長している。願わくは継続していくことを。

海外においては、アジア諸国と共同シンポジウム開催を三回行い報告書を作成してきた。

第一回　韓国（ソウル）　**ソウル大学日本研究所**との合同シンポジウム共催

　　淑明女子大学との研究交換会

第二回　フィリピン（マニラ）　**ミリアムカレッジ**との合同シンポジウム共催

　　セントポール女子大学（本学姉妹校）との研究交換会

第三回　台湾（台北）　**台湾政治大学**との合同シンポジウム共催

いずれも大きな刺激とチャレンジを受け、また相互に学ぶところの多い合同シンポジウムであった。

こうしたプロセスは「二十一世紀の女子大学におけるジェンダー教育・研究確立を目指す」という高く遠い目標に向けて、どんなに小さくとも確実な一歩であると信じたい。

本書はそうした研究の一端をまとめたものである（続編は二〇一二年度発行予定）。

こうした努力の継続的で地道な積み重ねによってわれわれ教員が成長し、「学校の娘たち」の女子教育への熱い思いへとつながっていく道筋となってくれることを祈る次第である。

最後にこのような研究の機会を研究奨励金を以って支えてくださった本学に感謝したい。

二〇一一年二月

長島　世津子

目　次

私はどのように台湾フェミニズムにたどりついたのか

陳　芳明

台湾文学は一九八〇年代、フェミニズムの台頭を見たが、それ以前の社会的な中心的価値観は基本的には男性的なものを中心としていた。確かに一九六〇年代、モダニズムが大きな高まりを見せた際、すでに多くの女性作家が登場してはいたが、この時期はモダニズム的な技巧がフェミニズムの思想性を上回っていたのである。一九八三年、三つのきわめて重要な作品が登場する。そのうち二つは女性作家による作品で、李昂の『殺夫（夫殺し）』と廖輝英の『不帰路（帰らぬ道）』である。『殺夫』は新聞「聯合報」、『不帰路』は新聞「中国時報」の小説コンテストでそれぞれ一位を獲得した。この二つの作品はいずれも、女性の視点から台湾社会の変化を観察したものである。『殺夫』は、家庭で夫に暴力を振るわれていた女性が、長年にわたる身体と情欲への陵辱に耐え切れなくなり、最後に夫を刺し殺すという物語である。『不帰路』は、第三者の角度から男女の愛を見つめたもので、それまでの社会の中心的価値観を完全にひっくり返した恋愛物語となっている。長年、差別され抑圧された第三者の声が、不倫の物語の主な語り手となり、それまで周縁化されてきたその発言の位置を反転させるのである。この二つの作品の登場は、台湾の女性作家の発言権が台湾社会の資本主義の高度発展と確実に呼応していることを意味するものである。また同じ年、男性作家の白先勇の同性愛小説『孽子（Nieh-Tzu）』が上梓され、異性愛が中心だった社会の伝統的価値観に衝撃をもたらし、その余波は現在もまだ続いている。こうしてジェンダーが台湾の中心的な議論のテーマとして組み込まれたことは、まさに多様な価値の時代の到来を象徴するものである。

そのころ、私は政治的に迫害され海外に追いやられていたのだが、異郷での生活でこの三つの作品を読んだとき、閉鎖的で保守的な台湾社会に、生き生きとした文学的イマジネーションが出現しつつあることを感じた。儒教的な教育と、反共産主義社会で育てられた知識人であれば、身体をテーマとして扱うことはないだろうし、ジェンダーや情欲といったテーマの文学を考えることなどはさらにあり得ない。女性文学の出現は、私にとって歴史解釈により全体的な再認識をもたらしただけでなく、美の判断基準に大きな調整をもたらすものともなった。一人の男性の知識人として、社会の主要な価値観の長年の影響から逃れることは難しい。権力の干渉から遠く離れ海外にいたその時期、私は思考の広がりを得、それまで学んだ知識を改めて理解し直し、また私が生きてきたその土地台湾を見つめ直したのである。だが、女性文学にふれたといっても、ジェンダーは私が最も関心を寄せるテーマではない。海外で政治運動に巻き込まれた私が当時最も知りたかったのは、マルクス主義である。一九八〇年から一九八五年まで、私はすべての時間をマルクス、レーニン、毛沢東などの思想の理解に費やした。同時に、日本統治時代の台湾での左翼的政治運動、台湾の左翼文学運動についても考察を行った。現在思い返してみれば、もしそのころ左翼思想を理解していなければ、その後フェミニズムを知ったとしても、自分の思想とつながらなかったかもしれない。中でも最も重要なポイントとなったのは、マルクス主義の根底にある思想、つまり社会的弱者グループへの関心である。マルクス全集では、女性に関する記述はそう多くはない。関心が寄せられていたとしても、それはせいぜい資本主義でもたらされた階級の問題であった。左翼運動における弱者への関心は、正統なマルクス主義においては、労働者や農民といった階級のことを指すと考えるべきだろう。具体的に言えば、私は当時、ジェンダーに対する関心より、階級への関心がずっと強かったのだ。だが、そうした思想の変化の中で、私は一つのきっかけをつかむのである。

そのきっかけとは、日本統治時代の台湾共産党の研究を始めたことから来る。台湾共産党の歴史の中で最も重要なリーダーが、女性だったのだ。それは謝雪紅という女性である。私は歴史を知るうちに、正式な教育を受けたことがなく、養女として育てられた地方の女性が、いかにしてある日、台湾共産党のリーダーに躍り出たのか考えるようになった。文献や資料のわずかな記録からは、この女性がいかに魅力的であるかが感じられた。私は長年、男尊女卑と右派的自由主義の思想の伝統の中で育てられた。このため、謝雪紅という女性の一生を書こうと決心したときの思想的な変化は、私の人生最大の思想面での断裂となったのである。右派の青年から怒りを抱いた左派の運動者へ、狭い男性主義者から開放的なフェミニズムを受け入れる人間へとなったのだ。このプロセスは非常にゆっくりしたものだったが、着実であった。私は一歩一歩、謝雪紅の歴史の中に入っていったのである。資料収集には、十年もの月日がかかった。本格的に執筆にとりかかったのは一九八七年、台湾が戒厳令を解除した時期である。まるまる四年間取り組み、苦しみつつも、四十万字の『謝雪紅評伝』を書き上げた。台湾の男性の知識人で、歴史的な女性の伝記を書いたのは、おそらく私が初めてなのではないだろうか。長くきつい執筆を続ける中で、私が受けた思想的な影響は、台湾での大学や大学院の時代に得たものよりも深く広いものであったかもしれない。私はまさに謝雪紅の中に、女性が歴史的にいかに周縁化され汚名化されていったのかを見たのである。謝雪紅が受けた教育は決して高いものではないが、生まれついての知恵によって、苦難を乗り越えることがよくあった。彼女はまた、日本統治時期の政治運動者の中でも、非常に長く複雑な旅を経験した者の一人であろう。彼女はまず中国上海に行き、そこで左翼思想の啓蒙を受ける。一九二五年には推薦されてモスクワに留学し、モスクワ中山大学で二年間、訓練される。その後、一九二七年にはこっそり上海に戻り、一九二八年、上海で台湾共産党を設立する。だが、まもなく逮捕され、台湾に送還される。警察の厳しい監視のもと、彼女は台湾で再度、共産党組織を構築し、当時の最大の政治団体である台湾文化協会、台湾農民組合と盟約を結ぶ。

謝雪紅の植民地時代の意味は、私に大きな教えをもたらした。女性として、彼女は困難な歴史の中どうすれば一つの政党を設立できるか分かっていた。また、台湾の無産階級、特に農民と労働者を中心に関心を寄せた。時代的な理由から、彼女のフェミニズムはまだ非常に素朴な段階にある。だが彼女は、その鋭敏な政治的思惟によって、難しい政治局面を打破していく方法を知っていたのである。彼女は、女性問題は、台湾の民族主義運動に組み込み、ともに解決していかなければならないと主張する。もし、民族が解放されなければ、女性も解放されないというのである。現代から見れば、こうした考え方はまだ男性中心論に縛られているように見える。だが、当時の知識人の考え方から見れば、実に新しく、また勢いを持ったものであった。私が書いた『謝雪紅表現』は、日本統治期だけに限ったものではない。謝雪紅は一九四五年以降も、台中で労働者団体、学生団体、女性団体を設立させた。彼女は、日本統治時代の左翼運動と民族運動の戦略にそって、戦後も民衆をリードし続けたのである。二二八事件での政府軍への武力抵抗で、彼女は台湾の歴史の伝説となった。事件の後、彼女は香港に逃亡し、国民党統治に反対する活動を行い続けた。海外に逃れた知識人の一部を集結させ、左派の階級的立場を堅持し続けたのである。一九四九年、謝雪紅は毛沢東に招待され、中華人民共和国の開国式典に出席した。それ以降、中国で台湾民主自治同盟の主席を務める。一九五二年、一九五八年、一九六七年と、粛清運動、反右翼運動、文化大革命の政治闘争などを受け、一九七〇年十月に北京で病死した。

謝雪紅の一生が私に与えた教えは、台湾の歴史の新たな認識だけではない。その歴史的経験は、フェミニズムとポストコロニアル理論への理解を導くものともなったのである。もし謝雪紅の一生の出来事を知らなければ、フェミニズムの精神を知ることも難しかったかもしれない。もし彼女が三つの異なる時代——日本統治時代の東京、国民党時代の南京、共産党時代の北京——を生きたのでなければ、私はポストコロニアル理論を受け入れることはできなかったかもしれない。この二つの思想は、一つの共通点の上に成り立つものである。それは、いかに自我という主体を構築するかという共通点である。主体性の再構築は、フェミニズムの最初の出発点である。差別され、語られる客体が、自ら相手を見つめ、自ら語る女性としての主体へと変わるか、それはまさに謝雪紅と彼女の人生が実に生き生きと私に教えてくれたことである。この本の執筆を通じて、私は知識の断裂へといたり、だんだんと自由主義の欠点に気づいていった。それは、個人にしか関心を寄せず、政治権力に対し寛容すぎる態度をとっている思想だということである。謝雪紅は、私の思惟を、歴史からジェンダーと階級の問題へとつなげてくれた。言ってみれば、それまでの知識的教育が紙に書かれた文献を強調しすぎており、政治と社会との構造的分析が不足していたのである。いわゆる構造的分析とは、社会の背後にある経済の問題、こうした問題が引き起こす民族、ジェンダー、階級の問題に注意を向けることである。一度構造的な思惟がつながれば、それまで寛容だった心も、次第に批判的精神を持つように変わっていくのである。

初期の自由主義者の一人として、モダニズムの文学を読む際には、知らず知らずのうちに寛容な見方をしてそれを受け入れていることは否めない。しかし、一九八〇年代以降になり、左派思想の洗礼を受けた私は、さらに謝雪紅の左派精神の教えを受け、やっと新しい角度から台湾のモダニズム運動で生まれた女性作家による小説に向き合えるようになった。具体的には欧陽子、陳若曦、聶華苓、於梨華、施叔青、曹又方、叢甦、吉錚、そしてそれより少し前の女性文学、例えば郭良蕙、郭晋秀、孟瑤などの作家が挙げられる。これらの作品の再読は、左派の思惟を得る前の自分の審美的判断、基準を改めて見つめることと等しかった。それ以前に私が注意を向けていたのは、言葉による技巧、象徴、暗示などや、一時期は彼女たちの情欲の描写に関心を寄せたこともあった。例えば、郭良蕙の『心鎖（心の鎖）』、於梨華の『夢回青河（夢で青河へ）』、欧陽子の『秋葉（秋葉）』などの作品である。小説の中の乱れた恋愛や不倫の物語は、私に性的な芽ばえをもたらしたものでもある。その頃、私にはその堕落しか見えず、そこに隠蔽された精神的あがきや昇華には気づかなかった。しかし、左翼思想を経た私は、こうした審美の基準をだんだんと捨てていった。そして、私は次のような疑問を持つようになった。なぜ女性は、ねじれ、変形、婉曲、跳躍といった形で彼女たちの身体を描写するのだろうか。なぜこうした書き方は男性作家の作品には現れないのだろうか。こうしたことを考えるようになって、私は自分の文学の読みが新しい段階に入ったことを実感したのである。

一九八三年の台湾社会へ話を戻すと、李昂、廖輝英、白先勇らの小説が続々と登場したことは、決して偶然ではなく、また孤立した現象でもない。当時の台湾社会は美麗島事件発生後で、民主運動もいくぶん挫折していたが、資本主義の発展はとどまるところを知らなかった。その時期、それまで閉じていた台湾社会にすでにグローバル化の波が来たことが感じられていたのである。資本主義の急速な拡張は、着実に台湾に厚みのある中産階級をつくっていった。この階級は権力にものを言わせた政府の干渉に次第に我慢できなくなっており、遅れた政治制度は自由な経済発展に合わないと考えるようになっていった。台湾に潜んでいた文化の生産もまさにこの時期に動き始めるのである。台湾の女性グループは本格的にこの時期に、政治的発言権を求めるようになる。女性の知識人が続々と登場しただけでなく、労働の職場でも女性の労働者が男性を凌ぐようになるのである。彼女たちは、社会の発展への自らの貢献を意識し、自分に発言権がないことに不満を抱くようになり、その不満は、それぞれの性別、民族、階級などに満ちていった。一九八三年から一九八七年まで、台湾では農民運動、労働者運動、女権運動、同性愛者運動、先住民運動、学生運動、環境保護運動などが見られるようになる。社会全体が混乱し不安な状態に陥り、どの批判も一党独裁の政権体制に向けられたのだ。こうした状況から見れば、女性文学と同性愛者文学の登場は、その中でも重要な兆しであった。

私は一九八九年、思想犯として台湾に一ヶ月戻ることを許された。長年ぶりに戻った故郷で私が受けたカルチャーショックはまさに「ショック」そのものであった。今でも、私の体には当時感じた驚きがまざまざと残っている。台湾に戻ったとき、読書市場にはさまざまなテーマの文学作品が出てきていた。当時、最も流行していたのは政治小説、眷村（外省人村）小説、そして女性作家の作品だった。抑圧され、氷山のような状態だった文学的イマジネーションは、火山の爆発のように噴き出したのだった。新しい時代の到来である。こうした豊かで多様な文学現象に対し、それを性急にポストモダンの時代と定義する人もいれば、重々しくポストコロニアルの時期だと言う人もいた。ポストモダンにしろ、ポストコロニアルにしろ、唯一確実なのは、台湾の歴史がすでに後戻りできない、これまでにない新たな段階に入ったということである。重要な女性作家、例えば袁瓊瓊、蘇偉貞、蕭颯、蒋暁雲、蒋家語、朱天文、朱天心、蕭麗紅、平路、蔡素芬などは、こうしてまさに百花繚乱の時代をつくり出す。情欲は彼女たちの重要なテーマの一つであり、彼女たちは前例のない世界を切り開き、長年まなざしを向けられていた女性の身体について、新たな名づけの段階に入っていった。

二十年来の台湾の歴史の動きは、政治的には民主革命と政権交代が起こり、さらに社会ではジェンダーというテーマが解放された。台湾文学の男性の研究者としては、フェミニズムの立場から自分を位置づけることはもちろんできない。男性としては、女性の身体的経験を得ることは不可能であり、さらに女性意識の内面での動きについては言うまでもない。本当に女性のために発言しようとするなら、それは女性の研究者によってなされなければならないのである。だが、私はたとえフェミニストそのものになれないとしても、少なくともフェミニズム文学といった実践的な形で声援を送ることはできると強く信じている。もし、思想から見れば、私は左派の自由主義者ということになるだろう。それは、言い換えれば、異なる思想に対し寛容さを示しながら、不公平な制度には批判を伝えていくべき人間だということになる。現段階において、台湾の女性を弱者として見るべきではない。だが、私たちは、民主改革の洗礼を経た台湾社会にはまだ男性中心論の痕跡が残っていることを認めなければならない。制度、文化、価値観において、台湾は健全な公民社会からはまだほど遠い。女性文学は情欲が語られるだけでなく、歴史と環境保護に関心を寄せるというきっかけをつくってきた。これらの事実は、この二十年来の歴史の流れの中で、女性がずっと前向きな役割を演じてきたことを示すものである。確実なのは、台湾の公民社会がもしだんだんと構築されてきているとすれば、女性の知恵の貢献が実に大きなものであるということだ。まさにこの事実を明らかにしたいからこそ、私は台湾文学を研究する合間に、公民社会に関心を寄せ続けてきたのである。私個人はその人生の中で、すでに台湾フェミニズムにたどりついてはいるが、それは実際にはまだ浅いものでしかないかもしれない。それでも、これからも私はフェミニズムの立場を支持し、より積極的に台湾の女性文学を読み、研究していくであろう。とはいっても、弱者の立場から出発した私は、ただジェンダーの問題に留まるだけでなく、民族、階級の問題で見られる抑圧され見過ごされてきた事実に対し、批判精神は傾け続けていくことになるはずである。私が生きている間に、本当の意味での公民社会の誕生を見ることはできないかもしれない。だが、私はだからといって努力をやめることはしない。私の前に広がる、まだ遠い道のりを私は歩み続けていかなければならないのである。

（横路　啓子訳）

アニエス・ヴァルダの『幸福』と遠藤周作の中間小説
——『さらば、夏の光よ』と「霧の中の声」における「妻」の幸福と自殺

福田　耕介

●はじめに

遠藤周作は、『世界』の一九六六年八月号に発表した、「アニエス・ヴァルダの『幸福』」という文章の中に、このヴァルダの映画には「別にふかい思想も男性観も女性観もあるわけではない。[1]」と批判的な文を書き連ねている。このことに関しては、既に別のところで論じたので繰り返さないが[2]、そこで取り上げなかった点としてここで改めて注目してみたいのは、夫の浮気のせいで妻が自殺をするが、夫は妻の死の原因となった愛人と再婚して再び幸せになる、という形でストーリーを要約してから、「これぐらいの話なら日本の中間小説雑誌の頁をひらくとワンサ、ワンサ載っている筈である」[3]と、遠藤の書いていることである。中間小説とは、遠藤自身の小説に関しても使われる言葉であり、「ワンサ、ワンサ」の中には、同時期の遠藤自身の中間小説も含まれているのか、という疑問が湧いてきたのである。

そこで、ヴァルダ『幸福』が日本で封切られた六六年を含む形で書かれた、遠藤の中間小説として、『さらば、夏の光よ』、『協奏曲』、「霧の中の声」、『どっこいショ』を読み直してみると、確かにそれらの作品の

中で遠藤が、ヴァルダ『幸福』と共通する、三角関係（『さらば、夏の光よ』、「霧の中の声」）、不倫（『協奏曲』、「霧の中の声」、『どっこいショ』）、妻の自殺（『さらば、夏の光よ』、『協奏曲』）などのテーマを扱っていることが分かる。「中間小説雑誌」を読み込むほど暇だったとも思えない遠藤が、ヴァルダ『幸福』と似たような話が「ワンサ、ワンサ載っている筈である」と書くことができたのも、自分が中間小説の中で同じテーマを扱っていたからだと考えられるのだ。

ヴァルダ『幸福』との関係から注目されるのは、右に引いた四篇の中間小説の内の『さらば、夏の光よ』と「霧の中の声」において、遠藤がヴァルダ『幸福』の中で何よりも容認できなかったものであると前掲の拙論で考えた妻の自殺を、遠藤自身が描いていることである。そこで、『協奏曲』と『どっこいショ』を論じるのは別の機会に譲ることとして、本稿では、ヴァルダ『幸福』の妻の自殺を念頭におきながら、『さらば、夏の光よ』と「霧の中の声」という二作品に踏み込んでいくことにしよう。遠藤が、ヴァルダの映画に中間小説的主題を見出したとしても、もちろん遠藤の描く妻の自殺が、『幸福』と完全に重なり合うことはない。ヴァルダの映画においては、男性社会によって押しつけられた、夫の「幸福」に奉仕する生き方を体現した妻の死は、彼女が愛人によって容易に代わりが務まるような、交換可能な部品に過ぎなかったことを浮き彫りにしていた。妻と愛人にも、等しく男性に尽くす受け身の姿勢が与えられているばかりで、それほどの区別はなかった。

それに対し、遠藤周作の方は、むしろ妻と愛人とを峻別して、夫に都合のいい女性を「妻」の中に新たにつくり直していくのだが、ここで取り上げる二作品においては、その前段として、「妻」となり切れずに自殺する女性の姿が描かれている。遠藤のヴァルダ『幸福』体験をはさむ形で執筆されたと思われる『さらば、夏の光よ』と「霧の中の声」を対比することで、二人の作家のこのような相違点を明らかにし、同時にヴァルダの映画の影響が具体的に遠藤の中間小説から感じ取られるのかどうかも考えていくことにしよう。

●『さらば、夏の光よ』における幸福な「妻」になるはずだった戸田京子●●●

真面目であろうとした南条の書けなかったこと

『さらば、夏の光よ』は、「白い沈黙」という題で、一九六五年三月から六六年二月まで『新婦人』に掲載された。ヴァルダ『幸福』の日本封切が六六年の六月であり、ヴァルダを取り上げた遠藤の文章が発表されたのが、『世界』八月号であるから、ヴァルダの映画を見る少し前に書き終えられた作品であると考えて、ほぼ間違いないだろう。ヴァルダの影響を受けた可能性のない「中間小説」空間において「妻」となるのは、戸田京子である。当初、相思相愛の南条と結婚して幸福な妻となるはずだった戸田の運命は、結婚前に南条と肉体関係を結んだことから狂い始める。彼女の辿った道筋からは、遠藤の「妻」観の峻厳な部分が浮き彫りになるので、詳しく跡づけてみることにしよう。最初の頃は、「二人の恋愛は、健康的で、清潔でなかなかいいと思った。」(三八)[4]と、教師として登場する「遠藤周作」が考えているように、傍目には「清潔」な付き合いをしていたと見えた二人が、どうして結婚するまで肉体関係を待つことができなかったのだろうか。

「南条の場合」の章を構成する南条の手記を読む限り、卒業式の日に、「戸田さん、結婚してくれないか」(五九)とプロポーズする彼が、肉体関係よりも結婚を先に考えていたことは明らかだ。だが、戸田がプロポーズを素直に受けずに、「酔えるようにして頂戴」(六一)とはぐらかし、「京子の心理の動きがぼくにはさっぱり摑めなかった。」(六二)と彼が困惑せざるを得なかったときに、南条の心境が微妙に変化する。そのときの別れ際に、「もし、彼女の手を引張って、口づけができれば……」(六四)と考えているように、「酔えるようにして頂戴」という言葉が、彼女が酔えないのは、自分が「口づけ」もできないからだという方向に南条の思考を導いているのだ。

はっきりと婚約を許諾しないまま、戸田が電話で、誰かがプレゼントとして彼女に「ロケット」を送ってきたと語った時に、南条の心はさらにかき乱される。

ぼくの胸に急に黒雲のような不安がひろがり始めた。［中略］ひょっとすると、俺以外に、戸田京子を慕っている奴がいるんじゃないだろうか。

（しかし、待てよ。これも彼女の策略かもしれないな）（六五）

真面目なプロポーズがはぐらかされ続けることで、南条の心に「黒雲」が湧き立ち、「清潔」だったはずの京子が、彼の目に「策略」によって彼を嫉妬させる女性へと姿を変える。それが、やはり「清潔」だったはずの彼の内面に黒い影を落とし、おそらくは肉体関係を急ぐ気持ちの萌芽となったのだ。「私の書きたい女―新約聖書に発見する元型群」の表現を借りるなら、女性の中に潜む「とらえどころのない気味わるさ(5)」によって、真面目であろうとした南条の歯車に狂いが生じるのである。

結局は、南条が「遠藤」の策略の助けを借りて、逆に戸田を嫉妬させ、「じゃ、これから、あたし以外と交際しないいって約束して頂戴」（七七）という言葉を引き出すことで、彼のプロポーズをようやく京子が受け入れた形になる。だが、そこまで書いたところで、南条の手記は中断してしまう。その理由として考えられるのは、誰かに読まれることを想定した「手紙」とはなっていない手記の中にさえ、南条は京子との結婚前の肉体関係から京子の妊娠に至る過程を記すことができなかったということである。「ただ二人でテーブルを真中にして向きあっている――それだけでぼくは幸福だったのである。」（五〇）と書いていられる間は問題なかったのだが、いったん彼の心に生じた「黒雲」は、その後の正式な婚約によっても晴れることなく、語ることの憚られる闇を彼の心の中につくり出したのだ。

南条が黙して語らない、この心の闇を照らす手掛かりは、遠藤が一九五七年刊行の『恋することと愛すること』に記した次の一節に求めることができるだろう。

女性はともかく、男性というものは、どんなに相手を愛していても、相手の全てを余りに早く知りすぎると、ある幻滅と失望とを感ずるようにできている存在なのです。そしてまた、余りに相手から愛され過ぎると、その愛を逆に重荷に感じるものであります。(6)

この記述を当てはめてみるなら、南条が筆をおいたのは、肉体的欲望とその成就によって、京子から、あるいは京子によって期待されている自分の役割から、逃げ出したいという感情が彼の内に芽生えたことを書けなかったからなのではないか、という推定が導き出されてくる。この仮説を裏づける手掛かりは、「戸田京子の手紙」から読み取っていかねばならない。

南条の肉欲と戸田京子の変貌

「戸田京子の手紙」の南条との肉体関係を語る箇所を読むと、戸田もまた、南条が語れなかった肉欲を、二重に隠蔽しようとしていることが分かる。第一に、既に触れたように肉体関係より先に結婚を考える恋愛を「健康的で、清潔」であると考える「遠藤」に手紙を書いている事後の段階において、「先生も御存知でしたでしょうけれども」南条は「まだあの子供っぽさを残してい」(八九)たと書いて、南条の肉欲を「子供っぽさ」という外見の下に隠蔽しようとしている。京子は、子どもっぽい彼に対して「母か姉のような気持が胸に疼く」(八九)のを禁じ得なかったのであり、二人の関係は、性とは遠い母子の関係に近かった。「好きだからじゃないか、好きだから君の心だけではなく、体もほしいのは当り前の気持じゃないか」(九〇)とごねる南条は、子どもだったのであり、「子供っぽいトンちゃん、狡いトンちゃん。私は遂に彼のその弱い性格に負けてしまいました。私は自分の気持を裏切って、みんな彼にあげてしまったんです。」（九一）という形で、少なくとも京子の方は肉欲に屈した訳ではなく、母親的に彼の子どもっぽさに負けて不本意ながらも肉体関係に応じたのだと、取り繕われているのである。

だが、語りが南条の子どもっぽさを前面に押し出そうとする一方で、肉体関係に応じる京子は、肉欲が南条を別人に変える力を持つことに恐怖を覚えていた。「好きだからじゃないか」と語る南条を前にして、「私は急にこわくなりました。その時のトンちゃんは、それまで私の知っていたトンちゃんと全く違う人間のような気がしてきたのです。」（九〇）という印象を持った京子は、遠藤の中間小説によくあるように、「ただ、肉欲というものはわたしたち女に近づく男を、似ても似つかぬ怪物に変えてしまうのだから。」[7]というモーリヤックの『テレーズ・デスケルー』のヒロインの思いを共有している。明らかに、肉体関係を迫る南条は、「子供」ではない顔を露にしていた。それを「子供っぽいトンちゃん」と言い換える戸田京子は、「全く違う人間」を子どもっぽさという受け入れやすい外見の下に押し込め、「怪物」から目を逸らそうとしているのである。

第二の隠蔽は、南条の欲求に屈した当時に遡るのだが、肉体関係後の、南条に対する京子の態度の変化から読み取ることができる。突如「新妻の仕草」（九三）を発揮し始めることで、京子は肉欲に流されて愛人的な関係に逸脱した二人の関係を、前倒しで正当な夫婦の関係に収めようとする。さらには、四ヵ月後に妊娠が判明して、妻のみならず母親へとも変貌した彼女は、それに対応する「夫」「父親」という顔を南条に押しつけ、南条の垣間見せた「全く違う人間」の顔を覆い隠そうとするのである。

ところが、南条の方は、急速に「妻」「母親」へと変貌する京子に付いていくことができなかった。妊娠してからの京子は、「本当にこんなに幸福でいいのかしら」（一〇五）とすっかり幸福な気分に浸って、南条の気持ちを深く探ろうすることはないのだが、それでも「変ったなあ、君は」（一〇三）と言って、「ふしぎそうに［彼女］の顔を覗きこ」（一〇四）む南条の姿が、彼女の目に止まっている。

京子がその「ふしぎそう」な南条の顔の背後に潜むものに、まったく無自覚ではなかったことは、時が経ってから手紙で南条の不慮の事故死を語ろうとして、「この余りに充たされた毎日、二人の間に、いいえ、私と坊やと南条との間に不吉な翳が既にしのびはじめていたのでした。」（一〇六）と書いていることから窺われる。つまり、まったく不慮の事故であるならば、事前に「不吉な翳」の兆していたはずはなく、それにもかかわらず、事故以前の「充たされた毎日」に既に予兆があったと京子が書くのは、振り返った時には死が既に充たされていたはずの南条の上に影を落としていたと感じられたからであるのに相違ない。南条が死を予感させたというのは、もちろん彼が偶然の死を予感していたということではなく、自らの中に命を絶つ意志のあることを認めていたという意味である。南条の死の状況は、「交通事故」と言われるだけで、まったく想起されないが、傍からは幸福の最中にあると見えた時の突然の死という意味では、自殺の可能性の強い、「霧の中の声」の信子の事故死とよく似ているのだ。だが、思い出の中の南条の姿が彼女の「幸福」の記憶にふさわしいことを望む京子が、「不吉な翳」をそれ以上突き詰めて考えることはない。

南条はどのようにして立派な「夫」になったか

それにしても、仮に南条が自殺だったとするならば、その動機は何なのか。そう考えた時に思い出してよいのは、小島信夫がヴァルダ『幸福』の妻テレーズの死に関して、「思わず身を以って、習慣的に自尊心から出た芝居を演じた妻は、これから幸福な妻であるイメージを残すには、嫉妬するわけにもいかず、もう自殺するより仕方がない。[8]」と書いていたことである。『幸福』のテレーズが自殺か事故死か判然としない死に方をしたことも一致しているが、大事なのは、テレーズが「幸福な妻であるイメージ」を残すために死ぬしかなかったと小島が考えているように、南条もまた「幸福な婚約者」のイメージを残すためには、姿を消す他はなかったと考えられることである。実際、戸田京子が、野呂と結婚してから、「私の頭には死んだトンちゃんしかない。——そして考えてみればトンちゃんは死んだからこそ、かえって私の夢のなかで美しく飾られていったのかもしれません。」（一五七）と書いているように、肉体関係を迫る南条が垣間見せた「全く違う人間」は、南条の早世によって永久に封印されて、南条の美化されたイメージだけが京子の記憶の中心に保たれることになったのである。換言するなら、死を選ぶことで初めて、南条は、「妻」「母」へと変貌した京子に相応しい伴侶として、京子の頭の中に生き続けるができたのである。それが、性急に「夫」「父」の顔を押しつけてくる京子に対する南条の答えだったのだ。課せられた役割を引き受けられないが故の死という意味では、「妻」という役割に疑問を抱かざるを得なくなった女性が、それに代わる生き方を見出せずに、命を絶つしかなかったヴァルダ『幸福』と、一度も「夫」の役割を引き受けることができずに、〝事故死〟する男性を描く『さらば、夏の光よ』は、偶然にも一致しているのである。だが、そこには、女性か男性か、社会によって課せられた役割を引き受ける前か後かというずれが依然として残っている。このずれが解消されるには、まだ「霧の中の声」の信子の死を待たなければならない。

「妻」「母親」へと変貌する伴侶を見た時の男性の戸惑いに関しては、遠藤の初期の短篇「パロディ」に雄弁に語られている。「パロディ」は、『群像』一九五七年十月号に掲載されているので、ヴァルダ『幸福』よりも十年近く前に書かれたことになるが、「パロディ」で扱われている昔の知り合いの男を訪ねる妻は、六六年の『協奏曲』でも再度描き直されているし、「パロディ」の中で「ぼく」が妻の不倫の可能性をむしろ喜ぶ気持ちは、やはり六六年の「霧の中の声」の信子の夫に対する気持ちの中にも再現されており、夫婦に関する遠藤の問題意識は、ヴァルダ『幸福』を見た六六年においても、「パロディ」を書いた時期とかけ離れてはいなかったと考えることができる。その「パロディ」の中で、「式を挙げてから僅か一週間もたたぬ内に」「もうすっかり妻に変っている」伴侶を見たときに、「ぼく」が感じた、「だが、ぼくは自分が夫であること、一人の女に一生つながれるだけの決心をした夫であることが自分にも実感として浮かんでこないのだった。[9]」という戸惑いが、急に「新妻の仕草」を発揮し出した京子を目の当たりにした南条の内にも生じたということは十分に考えられるはずだ。妻の妊娠を知って、妻の方が「素早く、母親に、しかも賢い母親になり変っていた」のに対して、「全く無関心ではなかったが、父親としての本能愛はまだ、ぼくの裡に生れてはいなかった。[10]」と語る「パロディ」の語り手の困惑を、まだ結婚もしていなかっただけに、南条は、一層強く感じないではいられなかったのに違いない。

南条はどうして野呂に秘密を打ち明けたのか

南条の自殺を示唆する手掛かりとしては、彼が「ふしぎそう」な顔を見せたことと、「不吉な翳」が既に差していたと京子の振り返っていることとしか見てこなかったが、それに加えて、南条が京子の妊娠を野呂に打ち明けていたことの意味を考えてみなければならない。南条の死後、野呂が自分の妊娠のことを知っていると分かったときに、「トンちゃんがそう言ったの」（一一九）と京子が驚きの叫びを挙げていることは、二人の友情を知る京子にとっても、南条が野呂に話したことがいかにも意外だったことを示している。それはまた、京子が野呂を嫌っていたことを熟知していたはずの南条が、京子の了承を得ずに、野呂に二人の秘密を打ち明けていたということに他ならない。南条が結婚式の招待に関しては、「ところで、言いにくいけど、野呂をぼくは招待するよ。」（一〇九）と事前に京子の了承を得る配慮をしていることと比較すると、いかにも不自然であると言わざるを得ない。南条が、敢えて京子に相談しなかった理由があるとすれば、相談すれば京子が野呂に妊娠を打ち明けることを容認するはずがないと察知していたからであると考えるしかないだろう。

それでは、どうしてそこまでして、南条は野呂に京子の妊娠を打ち明けておきたかったのか。この疑問を解くために、「野呂の手紙」から、南条がどのようにして野呂に打ち明けたのかを確認してみよう。

三度ほど彼［南条］から葉書がきました。一つは旅先の宿屋からでした。二度目は自分に近く子供ができるかもしれぬという通知でした。

「子供が？」

その葉書をみながら、僕は南条にだかれている京子の白い裸身を心にうかべました。（一九〇）

南条は結婚前に京子が妊娠したという、公然と話すことの憚られる秘密を打ち明けるに際して、会って話すことを回避したばかりでなく、葉書にする労さえ取らなかった。秘密の保持という点から見ると、杜撰と言わざるを得ない葉書を敢えて選んだところに、南条の意図を読み取らなければならない。野呂と会って話さなかったことに関しては、南条がただ「子供ができる」という点だけを伝えたかったからだと考えられるだろう。会えば、野呂からの質問や祝福を受けなければならない。まだ「父親」として振舞う心の準備ができていなかったために、最も親しい友人に対しても、南条はそのような状況を避けたかったのである。

封書にしなかった点に関しては、葉書にすることで、むしろ人目に触れることを南条が望んでいたと考える他はない。目にする可能性のあるのは、野呂と同居している彼の母親である。じじつ、三通目の南条の死を告げる葉書を受け取ったときには、「それどころじゃないんだよ。南条さんがお前」（一九一）と母親は、葉書の内容を把握した上で息子に手渡している。のみならず、婚約した京子が秘密を打ち明けようとしたとき、「あたしはね、全部、知っていますから」「いいえ、あの子は何も申しません」（一三四）と、野呂が語った訳でもないのに、妊娠のことを知っていたと野呂の母親は認めているのだ。「でもあの子の考えていることなら、あたしにはみんなわかります。」（一三四）と言い繕っているが、彼女が葉書を目にしていたこともまた確かなのである。

それでは、野呂に葉書で知らせた結果、どのような状況がもたらされたのか。先ず、野呂が京子の妊娠を知ったことには、「南条の死が逆に僕に幸福をもたらしてくれるかもしれない。」（一九二）と、彼に京子と結婚するという希望を与える効果があった。次に、葉書で知らせた結果、野呂の母親が京子の妊娠を知っていたおかげで、京子がお腹の子供と一緒に野呂家に嫁ぐことが容易になっている。だとすれば、この二つの状況こそが、京子の了承を得ることを避けて、野呂に葉書で妊娠を打ち明けた南条の望んだことであったのだとは考えられないだろうか。妊娠を告げる葉書は、自分にもしものことがあったら、京子とお腹の赤ん坊を頼むというメッセージだったのであり、そのことが何よりも、南条が姿を消す予定でいたことの証左となるのである。

それに加えて、京子の懐妊を告げる葉書に、南条が「自分に近く子供ができるかもしれれぬ」と、幾分ぼかした書き方をしていたことも指摘しておいていいだろう。つまり、「京子」に子どもができることは、すぐに検査に行った訳であるから確実なことなのだが、「自分に」「子供ができる」こと、つまり彼が父親となることの方は、「かもしれぬ」というふうに、不確実なこととして捉えられているように読めるのである。「パロディ」のように、南条が単に父親になることを引き受け切れていないだけであったら、それをわざわざ野呂に教えておく必要はない。「自分に」「かもしれぬ」という表現には、南条が父親となる前に姿を消そうと考えていたことをこそ、読み取らなければならないのである。

『さらば、夏の光よ』と『狭き門』

このことを確認した上で、さらにこの苦渋に満ちた決断の末に書かれたのに違いない南条の葉書が、野呂の頭に、「京子の白い裸身」を浮かび上がらせている点に着目してみなければならない。「この時からあの人の真白な体、ゆたかな乳房などが心にうかんでくる」(一九〇)ようになったと書かれているように、南条の葉書はそれを受け取った野呂を思わぬ形で懊悩させることになったのだ。そのことで、野呂がいっそう強く京子との結婚を所望したことは疑いを入れないが、そこまで南条が計算していたとは考え難い。

むしろ、この野呂の妄念から読み取らなければならないのは、遠藤周作の「妻」に対する考え方である。既に繰り返し言及したように、遠藤は作中に登場する「遠藤」に、結婚を第一に考える南条の態度を「清潔」だとする考え方を与えていた。その逆に、遠藤の小説世界においては、結婚を約束していながら結婚前に体を許す女性は、肉体だけを欲望の対象とされる娼婦的、愛人的女性へと堕さずにはいないということなのだ。献身的に彼女を愛することのできる野呂の目にさえ、結婚前に妊娠した京子が母性と結びつくことはなく、それどころか「白い裸身」という肉欲の対象へと矮小化せずにはいなかったのである。そして、いたずらに肉欲を誘ったこととの罰を受けるかのように、戸田京子は、愛していない野呂との結婚生活を余儀なくされ、最も生理的に嫌悪する男に、夫という彼女の肉体を所有する正当な権利が与えられた状況を耐え抜かなければならなくなるのだ。

ここで、遠藤がもともとこの小説に「白い沈黙」という題を与えていたことを思い出してみよう。その意味は、プロローグの中で、「山小屋の扉を押しあけて銀色の世界に向きあう時、私はその眼もくらむような白い拡がりよりは、そこを支配している沈黙にうたれる。」(二五)と説明されている。三人の主人公たちの物語が終焉してから、作中の「遠藤」の頭の中に「白い」沈黙が残った。ここで、沈黙の背景に雪の白さが描き込まれたのは、「ジュリアン・グリーンの『モイラ』に出てくる雪のふる夜の描写はたんに「雪がふる」のではなく恩寵による人間の浄化、純白化という二重の意味がつけくわえられている。[11]」という文から明らかな、雪に対して遠藤が見出していた浄化作用のためである。結婚前の肉体関係に翻弄された三人の運命が、雪の白さによって贖われなければならなかったのだ。

それでは、『白い沈黙』というタイトルは、なぜ『さらば、夏の光よ』へと変更されねばならなかったのか。講談社文庫の解説の中で、上総英郎は、次のように書いている。

「さらば、夏の光よ」という題名は、ボオドレエルの詩集『悪の華』の『秋の歌』の一節からとられている。

《やがて僕らは沈む　うすら寒い幽明のうちに　さらば　夏の光よ　はかなく過ぎた僕らの夏》

勝手に自分流に訳してみたが、いうまでもなく青春への挽歌である。はじめ『白い沈黙』と題されて「新婦人」に連載されたこの小説が、後に『さらば、夏の光よ』と変更された理由は、この小説の完結した昭和四十年の翌年『沈黙』が書かれたからであろう。[12]

上総英郎の言う事情があったのは確かだろうが、同時期に「『沈黙』が書かれた」という作品外部の事情を離れてみると、作品内部のテーマの共通性から、代案として「さらば、夏の光よ」をタイトルに選んだときに遠藤の念頭にあったのが、直接的にはボードレールの詩ではなく、むしろジイドの『狭き門』だったと考えられるのではないだろうか。『狭き門』では、アリサと語り手のジェロームが愛し合っているのだが、アリサの妹のジュリエットもジェロームのことを慕っている。ボードレールの詩句が登場するのは、ジュリエットが、庭でジェロームに、その前の日に彼がアリサに何を読んでいたのかと尋ねたときである。

「ああ、……たしかボードレールの詩だったと思うが……」

「何の詩?……あたしには言いたくないんでしょう。」

「われらやがて冷たき闇の中に沈まん。」

と私はかなり不機嫌な調子で始めた。すると彼女は直ぐに私の言葉をさえぎって、顫えを帯びた、がらりと変った声音であとを続けた。

「いざさらば、あまりにも短かかりしわれらが夏の眩き光よ!」

「なんだ、君、知っているのか。」と私はひどく驚いて叫んだ。「詩なんか好きじゃないと思っていた……」(13)


この二人の会話を盗み聞きしたアリサが、妹もまたジェロームを愛していることに気がついて、自分が身を引く決心をする。まさに、『狭き門』の三角関係を構成する三人の運命の狂い始める要の部分に、ボードレールの詩句が刻み込まれているのだ。

実際、『さらば、夏の光よ』を『狭き門』と重ね合わせてみると、作品理解のための、貴重な示唆がいくつか得られるように思われる。第一に、『狭き門』のアリサと重なるのは、『さらば、夏の光よ』の戸田京子ではない。『狭き門』のアリサが、自分の読んでいる本を背後からジェロームが読んでいたときには、「その息づかいが感じられ、体の温みや顫えまでが伝わって来るような気がし」て、「もう何が書いてあるやら分らなくなり、「妙に心がわくわくして来て、たまらなくなり、まだそれができるうちに、急いで椅子から立ち上がらなければならなかった。」(14)ことを思い出してみよう。その後、彼女が、母親のことを考えていたのも、自分にも愛人と駆け落ちした母の血が流れていることを、ジェロームといて、彼女が痛感せざるを得なかったからに他ならない。つまり、彼女は自分の中の肉欲を十分に意識した上で、最後まで「神とジェロームとを結ぶ障碍」(15)となることを避けるために、ジェロームを遠ざけ続けることになるのだ。アリサと並べたとき、肉体関係を受け入れるときの京子が、余りに肉欲を軽視していたことは明らかだ。

第二に指摘しておきたいのは、肉欲を自覚したという点では、「全く違う人間」の顔を曝した南条の方が、アリサに近かった点である。アリサがどうして身を引いたかということに関して、遠藤は「主人公アリサは恋人ジェロームに押しつけられるあまりに美化されたイメージに応じて、あたかも自分が一人の聖女のように振舞わなくてはならなかったのであり、この苦しい背伸びがやがて彼女をジェロームから引き離して、孤独の裡に死なせたのであります。[16]」と考えているが、南条もまた、京子が急速に身につけた「妻」「母」に対応する役割を押しつけられることから逃げ出さずにはいられなかった。京子は、南条に自分に都合のいい良い夫の姿を見ようとするばかりで、産院に真っ先に彼女を連れて行ったときに、南条の心の中に蠢いていたものを察することなどできるはずもなかったのだ。

第三に、京子を『狭き門』のジュリエットに重ねてみると、さらに別のことが見えてくる。ジュリエットはジェロームに対する恋が破れた後に、姉の反対を押し切って愛してもいないエドゥワール・テシエールと結婚するが、姉の予想に反して幸福になる。アリサは、ジェロームに宛てた手紙の中で、「妹の今の幸福を作り上げているものは、妹がかつて夢みていたもの、妹の幸福の土台をなしていると思われたものとは、まるで別物なのです！[17]」と書いている。じじつ、ジュリエットは実業家の夫に合わせて、ピアノも読書もやめて、子どもを五人もうける。まさにそれは、愛する南条と死別して、野呂と結婚し死産したときに、京子の引き受けることのできなかった生き方を表わしている。そして、作中の「遠藤」は、「なぜ、死ぬ必要がある。［中略］一体、彼女［京子］はなぜ、忍耐できなかったのか。結婚とか人生とかは結局、辛抱以外になにがある。私はとにかく腹だたしい気持で壁にもたれたまま、苦い煙草を幾本もふかした。」（一六二）という形で、そうした生き方を「辛抱」することのできなかった京子に対して、怒りを露にしているのである。

京子は、愛する南条といるときには純潔にこだわったアリサにもなれず、愛していない野呂と結婚したときには、夫となった男性を受け入れるジュリエットにもなれなかった。野呂と結婚した理由は、明らかにお腹の子を私生児としないためであり、「たとい他の女と結婚したところで、ぼくはただ愛するふりをすることしかできないだろうからね。」[18]と最後にジュリエットに語るジェロームのように、愛することのできない相手と結婚することを避ける誠実さも持ち合わせていなかった。

遠藤はそのことを厳しく罰するかのように、京子の唯一の希望でもあったお腹の赤ん坊を、死産によって奪いさる。一見、亡き南条に対する純愛に生きているようにも思える京子に、「情夫の愛をえるために子を殺した母親」[19]を原形とする『海と毒薬』の上田ノブと同じ運命が与えられているのである。愛人に堕しながら、「妻」の座を辞する誠実さも持たず、形式的に「妻」となっても、実質的に「妻」になろうとする「忍耐」さえ持たなかった京子には、遠藤の小説世界の「母」になることは許されない。遠藤が、ヴァルダ『幸福』に中間小説的主題を見ていたとはいえ、中間小説においても遠藤は、愛人が易々と妻と母の座を乗っ取るヴァルダの戯画的な世界からは遠いところにいる。そして、ヴァルダ『幸福』を見た後で、今度は『狭き門』のジュリエット的な平凡な妻の幸福の可能性を、「霧の中の声」で問うことになるのである。

●「霧の中の声」の平凡な「妻」の幸福に満足できなかった信子●

信子の中のテレーズ・デスケルー

遠藤周作が『幸福』を論じた文章を発表したのは、六六年の『世界』八月号であるが、それと同時期に、「霧の中の声」という短篇が、『婦人公論』の八月号と九月号に掲載されている。ヴァルダの映画を見た後に書かれたと考えられるこの作品において、遠藤は、『さらば、夏の光よ』の京子が「辛抱」することのできなかった愛していない夫との結婚生活を再度、信子に与え、「妻の幸福」というテーマをさらに掘り下げていく。信子は、「特別の理由でもない限り」同じ時間に出勤しては帰宅し、夕食後も「一人で碁をならべて考えこんでいるか、テレビの落語か、野球を寝ころびながら見」るだけで、「月末になると」「家計簿を信子に持ってこさせて、それを丹念に調べる」（八、三三〇）[20]、面白みのない銃吉と結婚し、平凡な夫婦生活を送っている。見合い結婚をした夫に特に愛情を感じている訳でもない。当然、信子には自分が幸福であるという実感が湧かないのだが、周囲の人間は、「ああいう御主人をもてば……倖せですねえ、奥さんは……」（八、三三〇）、「御主人が手術も成功して退院したばかりの一番倖せな時じゃありませんか。」（九、三五八）と、物語の最初から最後まで銃吉と結婚した彼女は幸せだと繰り返し続ける。

だが、信子自身は、彼女の結婚が幸福であると信じ込ませようとする声に完全に説得されている訳ではない。フランソワ・モーリヤックの『テレーズ・デスケルー』のヒロインのように、「彼の指が執拗に、体の上を這いまわる。」夜の生活に、「嫌悪感を抑えながら、信子はそれに耐える。」（八、三三八）という嫌悪感しか覚えない信子は、単調な生活がいつまでも同じように続いていくという見通しに対する耐え難い思いもまた、テレーズ・デスケルーと共有している。「これからも毎日、このような生活が続くのだろうか」（八、三三〇）と繰り返し単調な生活の連続に対して息の詰まる思いをしていることが、「別れる理由もみあたらず、どう考えてもこの先死ぬまで結婚生活という車を途中でとめるような事態の起るはずはなかったからである。」[21]と考えるテレーズとの共通点となっているのだ。「情欲の炎」[22]に焼かれてから、救済へと歩むテレーズ・デスケルーは、遠藤の「書きたい女」のモデルの一つであり、平凡なはずの信子の中にも、そうしたテレーズ的本質である「とらえどころのない気味わるさ」が潜伏しているのである。

物語が始まった時に、地震や昔の同級生の死を予知する夢を見始めたことと、同じアパートに越してきた室井という若い男とが、信子の深層に眠る、彼女自身の意識も及ばないこの未知の女に働きかけてくる。夢が、彼女の中に潜む、不気味な力に彼女の意識を向けたとするならば、銀行員というエリートコースを捨てて人妻と駆け落ちしてきた室井は、室井のような男と恋愛に陥ることに、いまの平凡な生活以上の「幸福」があるのではないか、という疑問を信子の中に呼び覚ますのである。

夫に突き飛ばされる死

主婦としての生き方に疑問を抱いても、信子はキャリアウーマンとなった井口栄子の自立した女性の生き方を手本にする訳ではない。彼女は、ただ漠然と、室井のようにすべてを恋愛に賭ける生き方に憧れを抱くに過ぎない。その一方で見落としてはならないのは、彼女が前篇の最後で、走ってくる車に向かって夫が彼女を突き飛ばす夢を見るようになったことである。作品の結末で心理学者の高橋教授によって、「夢は人間の無意識的な願望のあらわれ」（九、三五九）だとされるのだが、もちろん、彼女がただ夫に殺されることを願うはずはない。殺される前に、夫の殺意を誘うような生き方をしてみたい、という願望が言い落とされているはずだ。

考えてみなければならないのは、その夢のことを知った井口栄子が、「あなたの御主人にはそんな勇気さえないわよ。」と断言する、「小心翼々の人」（九、三四七）に過ぎない銃吉が、妻を殺さずにはいられなくなる状況とはどのようなものなのか、ということである。遠藤の小説世界で考えるならば、『深い河』において、成瀬美津子に捨てられる時に、銃吉以上に小心な大津が、「ひどい。ぼくはあなたを殺したいぐらいだ[23]」と口にしていることが手掛かりとなるだろう。つまり、信子の中に潜むテレーズ・デスケルー的な部分が、成瀬美津子のように開花して、誘惑する女性となった彼女が銃吉を捨て去ろうとする場面が予想されるのである。

そう思って読み直してみると、「霧の中の声」にも、室井と歩く妻を見て、銃吉が嫉妬する場面が描き出されている。まだ日のある時間に、アパートの近くで偶然出会って並んで歩いていただけの二人を見て、どうして銃吉は嫉妬したのか。ここは、ヴァルダの『幸福』で言うならば、ダンスパーティーでテレーズが、愛人のエミリと踊る夫フランソワを見て、そちらを指差した場面に当ると思われるのだが、銃吉が察知して、信子の方が気がついていなかったことは、信子が室井の生き方に漠然と憧れていた以上に、室井の方が、信子に好意を持ち始めていたということであろう。常に、自分の方から、信子に声をかけ、自分の駆け落ちが失敗に終わったことを信子に語った時には、「奥さんは、倖せですか」と唐突に問い、「失礼しました。ただ、ぼくは奥さんに会うたびにいつも寂しそうにしていらっしゃるので……」（九、三五一）と謝る室井は、信子が考える以上に彼女のことをよく見ていた。見かけるたびに話しかけてきたのも、そのためだったのだ。銃吉の手術が決まった時に、そう親しかった訳でもないのに、わざわざ病院に電話をかけてきて、「奥さんも何かと大変でしょう。ぼくにできることがあったら……遠慮なくおっしゃって下さい。勤先の電話番号を一応、お知らせしておきますから」（九、三五四）と語るのも、不自然なまでに親切であり、「（彼女も倖せじゃないのかもしれん）[24]」と人妻になった典子のことを心配する『ヘチマくん』の鮒吉は言うに及ばず、妻が入院中の能勢に向かって「これから、一人でお家に戻って、一人で食事なさるわけ。大変ね。女中さんいないんでしょう[25]」と誘惑した「四十歳の男」の康子を髣髴させるとさえ言えるだろう。

信子の中に潜む寂しげな女性が、知らず知らずの内に、室井を誘惑していたのであり、銃吉は敏感にそれを感じ取って、信子に対する嫉妬を露にせずにはいられなかったのだ。信子にとっては、銃吉がそのように激しく嫉妬することのできる男でなければならなかった。井口栄子がそれを否定した時に、彼女が夫を憎むのもそのためだ。信子は漠然と、室井と駆け落ちした人妻と同じように、恋に生きることを望んでいたのであり、その結末としては、元の生活に戻ることではなく、銃吉に殺されることを潔しとしていたのだ。彼女の中には、確かに「情欲の炎」に焼かれたテレーズ・デスケルー的な女性が目覚めつつあったのだ。

死に瀕した夫とフランソワーズ・サガン

結局、室井の人妻との駆け落ちは失敗に終わる。「勤め先まで棄て、愛している女性と駆落ちした青年」が自分の再就職が決まらないために、その女性が「戻っていきましたよ」と語って、「うなだれて自分の前に坐っている」ことに信子は失望し、「結局、人生は銃吉のいうように平凡が一番いいのか。何事も起らないことが一番いいのか。」(九、三五〇)と彼女の気持ちは揺らぐことになる。だが、代わりの生活を見失っても、平凡な銃吉から逃れたいという彼女の願望までが変わることはない。現在の生活の代わりに彼女が望むことが空白のままであることがまた、テレーズ・デスケルーを思わせるものとなっていることも付言しておいてよいだろう。[26]

このように、夫に殺される結末を望んでいたはずの彼女が、銃吉が病気で倒れ、銃吉の死ぬ可能性が突如として彼女に示されたために、夫から自由になることを望むようになる。「彼が死んだら……あたしは自由になれるかもしれない。」(九、三五三)と信子は考え、「彼女にとって今は、不幸というもののすべては銃吉との生活にむすびつき、そこから解放されることが倖せそのもののような気がしてくるのだった。」(九、三五四)とあるように、室井に幻滅しても、夫から逃れられさえすればよいという願望が残るのだ。

信子の心が銃吉から離れてしまっていることをよく象徴しているのが、彼女が入院している銃吉の手を握る場面である。夫妻が手を握り合う場面と言えば、例えば『満潮の時刻』で、看護婦の「痛いとか苦しいとか叫んでいる患者さんも、あたしたちが手を握ると、少しずつ、温和しくなっていくのよ。だから、今も私、あの人に注射をうったあと、じっと手を握っていてあげたの[27]」という言葉に続いて、入院中の明石が、窓から、「あの白いエプロンをつけた若い妻は床に膝まづきベッドの上にかぶさるような姿勢をとって、夫の手を握っている。[28]」姿を目撃するところなどが、夫婦の絆を描く感動的な場面として思い出されてくることだろう。

ところが、既に『さらば、夏の光よ』において、事故と聞いて、戸田京子が駆けつけたときには、「トンちゃんの死に目にさえ会えず、手を握ってあげることもできず、そして祈ってあげることさえ、不可能な私でした。」（一一四）と書かれているように、戸田京子には南条の手を握ることさえ許されなかった。そこからも、結婚以前に妊娠した京子からは、遠藤の小説世界における妻の資格が徹底して剥奪されていることが確認できるのである。

「霧の中の声」では、信子は銃吉の妻であり、手術前の不安な夫の手を握ることが逆に義務となる。

「死ぬんじゃないのか。俺死ぬんじゃないのか。」

夫の手が信子の手を赤ん坊のように握りしめる。額の汗をぬれた手ぬぐいでふいてやりながら信子は、病室の壁、暗い電球をみまわした。

（もし、このまま……死んだら……彼が……）

そんな想像をしてはならぬと打ち消そうとすればするほど、想像は執拗に彼女の胸にまつわりついてきた。（九、三四八）

もちろん、信子が形式的に夫の手を握ってみても、そこから『満潮の時刻』の感動は伝わってこない。夫の手を握りながら、夫の死を想像し、「何か自分を生涯縛り付けているこの重い退屈なものから解放されること」

（九、三四九）を願わずにはいられない妻は、『満潮の時刻』の妻のパロディになっているとさえ、言うことができるだろう。

いや、そのときに思い出してみなければならないのは、夫が妻の手を握る光景の源には、遠藤の入院時の実体験ばかりでなく、それよりも遡る形で、フランソワーズ・サガンの翻訳というひとつの文学的記憶の存在することである。遠藤が翻訳して一九五七年の『知性』二月号に掲載されたサガンの短篇「死にかけた男」において、死に瀕した夫が、「彼は相変わらず手を握っていた。彼は妻の手を握って死んで行くのだ。[29]」と書かれているように、何度か妻の手を握っている。「こわいんだ、俺」と洩らすところは、「俺死ぬんじゃないか」と怖がる銃吉と酷似している。だが、サガンの短篇においても、「彼女はもう彼を愛していない。彼女は夫がもう駄目だということをよく知っているのだ。だがずっと前からこの女にとって彼は亡ったも同然だった。」のであり、妻はおそらく別の男「ジャン・Dのことを考えているにちがいない。[30]」とされている。妻の心が夫から乖離した、「霧の中の声」の夫婦が手を握る場面の妻は、『満潮の時刻』よりは、はるかにサガンの「死にかけた男」の妻に近いものとなっているのである。

夫の手術が成功したことで、信子が夫から解放される可能性は消滅するが、それでも、夫の死を垣間見てしまった彼女には、もはや以前の平凡な妻に戻ることは考えられなかった。彼女は夫が退院した後に予想される彼女が夫を看病する生活において、ある意味で、夫に毒を持っていた時のテレーズ・デスケルーと同じように、夫の健康を管理する立場におかれることになるはずだった。だが、突発的な死によって、彼女が、テレーズ・デスケルーと同じ誘惑に駆られる可能性は絶たれ、彼女は、ヴァルダ『幸福』のテレーズと同じように、幸福な人妻として、周囲の人の記憶に残ることになったのである。読者には自殺と感じられながら、周囲の人間は事故死として処理する死に方が与えられたことも含めて、ここで遠藤周作が最もヴァルダ『幸福』に近づいていると言うことが許されるだろう。

おわりに

夫に突き飛ばされて死ぬ信子の夢が、夫の姿を取り除いた形で実現したことを見落としてはならない。彼女は夫と一緒に歩いているときではなく、一人で歩いているときに、交通事故に遭遇する。彼女が死ぬとき、彼女の無意識の中からも夫が消えてしまったかのように、彼女の傍らに銑吉の姿はない。作品の結末で、高橋教授が「あの人のご主人が……あの人を知らないで殺していったんです。信子は、退屈な結婚生活という武器で……」（九、三五九）と結んでいるが、それは明らかに間違っている。信子は、夫との「退屈な結婚生活」から完全に心が離れて、そこに回帰することが不可能になってしまったときにこそ、死ななければならなかったのである。

『さらば、夏の光よ』の戸田京子は、愛する婚約者南条に対しても、愛していない夫野呂に対しても、「妻」となることができずに、自殺を選んだ。「霧の中の声」の信子は、「妻」でありながら、「妻」の座に戻ることができなくなったときに、死を選ぶ。周囲に事故死と受取られる自殺という点ばかりでなく、男性社会から押しつけられた役割を外れたときに、他の生き方を見出せないという点でも、信子はヴァルダ『幸福』のテレーズの影響を感じさせる「妻」となっていると言えるだろう。

だが、遠藤が信子の死を描いた意図は、ヴァルダのように、男性に従属した女性の生き方に「幸福」があるのか、と反語的に問いかけるためではない。例えば、一九六八年発表の「六日間の旅行」に遠藤は、次のように書いている。

だが、この安全なアスファルト道を望んだ男にとっては結婚後、母の烈しさが耐えられなかったのだろう。後年、父は口癖のように「平凡が一番倖せだ。何も起らぬことが一番、倖せだ」と言っていた。あれは母との生活にたいする反動だったのだ。[31]

平凡が一番という姿勢は、遠藤の小説世界では父親に重ね合わせることのできるものであり、ヴァルダ『幸福』を見た時期は、まさに遠藤が作中で父親を理解する姿勢を明確に打ち出していた時期に当る。[32] 例えば、「霧の中の声」と同時に書き進められていた『どっこいショ』においても、平凡な父親である向坂善作について、「しかし書きたいんだな。作者が。こういう男を。好きなんだから仕方がない。」[33]と遠藤は記しているのだ。「妻の幸福」は、平凡な夫の傍らに模索されなければならない。それ故に、銑吉を評価できない信子の方が、遠藤の小説世界から姿を消さなければならなかったのである。

それでは、遠藤周作の中間小説において、「妻」の座に留まる女性には、どのような生き方が許されているのか。そのことは、やはりヴァルダ『幸福』体験をはさむ形で書かれた二つの中間小説『協奏曲』と『どっこいショ』を対比させる形で、考えてみなければならない。

注

（1）遠藤周作「アニエス・ヴァルダの『幸福』」、『世界』（岩波書店、一九六六年八月号）、一九五頁。

（2）二〇一〇年度の白百合女子大学のオムニバス授業「女性と社会」の中で行った講義を発展させたものを、「アニエス・ヴァルダの『幸福』を見る遠藤周作」として、二〇一一年度第五回遠藤周作学会において発表した。発表の内容は、二〇一二年発行の『遠藤周作研究』第五号に掲載される予定である。

（3）「アニエス・ヴァルダの『幸福』」、前掲書、一九五頁。

（4）『さらば、夏の光よ』からの引用は、講談社文庫版（一九九一年第二三刷。第一刷は一九八二年）による。

(5) 引用の後に、( ) で括って、頁数を記すことにする。遠藤周作「私の書きたい女―新約聖書に発見する元型群」『よく学び、よく遊び』(小学館、一九八三年)、八六頁。
(6) ―『恋することと愛すること』新装版(実業之日本社、一九九四年)、四六頁。
(7) フランソワ・モーリヤック(遠藤周作訳)『テレーズ・デスケルー』『遠藤周作文学全集』第一四巻(新潮社、二〇〇〇年)、一四七頁。これ以降、『遠藤周作文学全集』(全一五巻、新潮社、一九九九―二〇〇〇年)に関しては、『文学全集一四』のように略記することにする。
(8) 小島信夫「こんな生臭い家庭!―「幸福」〈アニエス・バルダ〉のアイロニーは何か―」『映画芸術』第二二二号(編集プロダクション映芸、一九六六年三月)、二七頁。
(9) 遠藤周作「パロディ」、『文学全集六』、一七二頁。
(10) 同書、一七四頁。
(11) ―「私の文学」『文学全集一二』、三七九頁。
(12) 上総英郎「解説」『さらば、夏の光よ』前掲書、二一三頁。
(13) アンドレ・ジイド(川口篤訳)『狭き門』(岩波文庫、一九九四年第六四刷(一九六七年第二六刷改版))、四六頁。
(14) 同書、一七六頁。
(15) 同書、一七八頁。
(16) 『恋することと愛すること』、前掲書、一一六頁。
(17) 『狭き門』、前掲書、一一二頁。
(18) 同書、二〇一―二〇二頁。
(19) 遠藤周作「『海と毒薬』ノート」『文学全集一五』、二六二頁。
(20) 「霧の中の声」(『婦人公論』一九六六年八月号に「前篇」が、九月号に「後篇」が掲載されている)からの

(21) 引用に際しては、号数と頁数を引用の後に（ ）で括って、（八、三三〇）のように略記する。
(22) 『テレーズ・デスケルー』、前掲書、一七八頁。
(23) 「私の書きたい女―新約聖書に発見する元型群」、前掲書、八四頁。
(24) 遠藤周作『深い河』『文学全集四』、二〇五頁。
(25) ―『ヘチマくん』角川文庫、一九八二年三一版（一九六三年初版）、一六九頁。
(26) ―「四十歳の男」『文学全集七』、一八九頁。
(27) この点に関しては、次の拙論を参照のこと。「父性の「秩序」、母性の「冒険」―フランソワ・モーリヤック『テレーズ・デスケルー』に関する一考察」『秩序と冒険―スタンダール、プルースト、モーリヤック、トゥルニエ―』（Hon's ペンギン、二〇〇七年）、八〇頁。
(28) 遠藤周作『満潮の時刻』『文学全集一四』、三四五頁。
(29) 同書、三五〇頁。
(30) フランソワーズ・サガン（遠藤周作訳）「死にかけた男」「フランソワーズ・サガン新作珠玉集」『知性』（河出書房、一九五七年二月号）、一三六頁。
(31) 同書、一三三頁。
(32) 遠藤周作「六日間の旅行」、『文学全集七』、三〇二頁。
(33) この点に関しては、注（2）に挙げた拙論を参照のこと。
(33) 遠藤周作『どっこいショ』（講談社、一九六七年）、八頁。

王朝女流文学の隆盛

――文芸観という観点から

平沢　竜介

従来、平安時代における女流文学の隆盛はさまざまな要因によって説明されてきた。しかし管見の限りでは、この問題を平安時代の文芸観という観点から論じたものはないように思われる。そこで本稿では、平安時代の文芸観という観点から、平安朝文学における女流文学の隆盛という問題を改めて考えてみたいと思う。

一

『古今集』の序文には、仮名序、真名序ともに、『古今集』が成立する以前、平安時代初頭における和歌の社会的地位に関する記述がなされている。まず仮名序には、次のような記述が存在する。(1)

今の世の中、色につき、人の心、花になりにけるより、あだなる歌、はかなき言のみいでくれば、色好みの家の埋れ木の、人知れぬこととなりて、まめなる所には、花薄穂に出すべきことにもあらずなりにたり。

引用した部分の後半部においては、「色好みの家の埋れ木の、人知れぬこととなりて」という表現と、その直後の「まめなる所には、花薄穂に出すべきことにもあらずなりにたり」という表現が対置されている。後者「まめなる所には、花薄穂に出すべきことにもあらずなりにたり」という表現の「まめなる所」とは、「公的な場所」を指すとするのが一般的な解釈であり、「まめなる所には、花薄穂に出すべきことにもあらずなりにたり」とは、和歌が公的な場には出せないものとなっていたことを示していると理解される。とすると、それに対置された表現である前者「色好みの家の埋れ木の、人知れぬこととなりて」という表現は、和歌が私的な場にのみ用いられ、公的な場に出せないものとなってしまったことを表しているということになる。「色好みの家の埋れ」とは、和歌が恋の場における贈答の手段に用いられたことを指すと考えられるが、確かに恋の場における贈答は私的な事柄というべきもので、この表現は和歌が私的な世界の中でも主として男女の仲を取り持つものとして使用されていたことを示していると考えることができよう。

平安時代の初頭は漢詩文全盛の時代であった。特に九世紀前半には『凌雲集』『文華秀麗集』『経国集』という勅撰漢詩集が編まれ、伝統的な文芸である和歌が公的な場に登場するという記録は全くと言っていいほど認められない。ただし、『万葉集』以来、男女の恋の仲立ちとして和歌が詠じられ、恋の贈答以外にも実生活のさまざまな場面において詠まれているという事実は、『古今集』以後の時代においても一貫して認められる現象であり、このことより漢詩文全盛の時代にあっても、和歌は男女の恋の贈答などを中心に私的な生活のさまざまな局面で詠じられてきたと想像される。九世紀後半、仁明朝以降になると、和歌が貴族社会の中で次第に重要な位置を占める兆候が認められるようになり、宇多天皇の時代になると、天皇の周辺で「是貞親王家歌合」や「寛平御時后宮歌合」といった大規模な歌合が催され、『新撰万葉集』といった和歌と漢詩を併記した勅撰集にも匹敵する書物も編纂されるようになる。しかし、これらとてみな私的な催しや撰集であって、和歌が公的な文芸としての立場を確立するのは、わが国最初の和歌による勅撰集、『古今集』の編纂を俟たねばならなかった。仮名序の先に引用した箇所の後半部分「色好みの家の埋れ木の、人知れぬこととなりて、まめなる所には、花薄穂に出すべきことにもあらずなりにたり」という表現は、『古今集』成立以前においては、和歌は私的な場においてのみ用いられる私的な文芸であり、公的な場に出すことが許されるような公的な文芸とはなりえていなかったという状況を、大枠において正確にとらえているといえるであろう。

また、真名序には次のような記述が存する。

及下彼時変二澆漓一。人貴中奢淫上。浮詞雲興。艶流泉涌。其実皆落。其花孤栄。至レ有下好色之家。以レ此為二花鳥之使一。乞食之客。以レ此為中活計之謀上。故半為二婦人之右一。難レ進二大夫前一。

「好色之家。以此為花鳥之使」とは、歌が恋の贈答といった場面で用いられたことを示すであろうし、「乞食之客。以此為活計之謀」とは、遊芸の徒が和歌によって生計を立てていたことを示すと考えられる。また、「故半為婦人之右。難進大夫前」という表現のうち、「大夫」とは「婦人」という語と対をなしていることを勘案すると、律令官人たる貴族社会の男性一般を指したものと見ることができよう。とすると、「故半為婦人之右。難進大夫前」という表現は、直訳すれば和歌は貴族社会の女性にのみ用いられ、貴族社会の男性の前には出しえなくなったということになる。

しかし、現実には和歌が貴族社会の男性に全く詠まれなくなったという事態は想定しがたい。先にも述べたように、万葉の時代から平安時代に至るまで、男女の恋愛は和歌を仲立ちとしてなされていたのであるから、貴族社会の男性が和歌を全く詠まなくなったということは到底考えられない。にもかかわらず、真名序が「故半為婦人之右。難進大夫前」という表現をとったのは、当時の貴族社会の男性は、女性と同様私的な生活領域を持つ私人であるとともに、国家の公務に携わる律令官人としての公人という面をもあわせ持っており、真名序の「故半為婦人之右。難進大夫前」という表現は、私的な生活しか持たない女性が私的な文芸である和歌を詠むことは当然のことであるが、公人としての立場を持つ男性が、公然と私的な文芸である和歌を詠むことは認められず、私人としてのみ和歌を詠むことが許されるという状況を表現しているのではないだろうか。

というのも、平安時代には、公的なもの、中国的なものを男性で象徴し、私的なもの、日本的なものを女性で象徴するという考え方が存在していたからである。例えば、平安時代には漢字を男手、平仮名を女手と呼んだが、これは男は漢字ばかりを用い、女が仮名ばかりを用いたことを意味するのではない。築島裕は

平安中期（十世紀）には、女流文学の極盛を来し、その為に、その当時の女流文学は、平安時代文学全体の中でも、その代表のやうな観を呈してゐる。確に、女流文学は優れた文学作品として、賞揚され憧憬の的となっただけの価値はあるであろう。唯、それを以て直に平仮名といふ文字や平仮名文体の発達までも女流作家の功に帰することは早計であろう。唯、平仮名は、女性ばかりでなく、男性もこれを用ゐた。寧ろ、早期の平仮名文は、恐らく男性の手に成ったのであり、それが漸次女性も嗜むやうになって行ったと見るべきである。平仮名文学の最盛期と雖も、男性の手に成った平仮名文は決して少くない。唯、男性は時に応じて漢文によって己が意見を具申し、書簡文を認め、公文書を認めるなどのことを必要とした一方、歌合の折、その他遊宴の席などで、平仮名による和歌を記し、又、女の許へ平仮名の消息、歌などを書贈ったのである。それに対して、女性は、漢文を用ゐる折を持たなかった。私的には漢詩文を嗜む才女はあったにしても、少くとも公の席に出て漢詩文を弄ぶことは極めて稀なことであった。平仮名が女手と呼ばれたのは、このやうな意味に於てなのである。女手とは、〝女性専用文字〟といふ意味では決して無く、〝女性も使用し得る文字〟の意であったと解せねばな

らない。

平仮名といふ文字は、先づ男性によって作出され、又、平仮名文という文体も、もとを正せば男性の創作物だったのであって、それを女性が徐々に模して行ったといふことなのであろう。現在遺存してゐる平仮名の初期の資料は、何れも男性の手に成ったものの如くであり、その上、平安中期以降に出現する所の歌切の類を見ても、貫之・道風・公任・教長など、男性の筆者の名で伝へられるものは多いが、女流の筆者の名で伝へられるものは、紫式部・清少納言など極く少数に過ぎない。尤もこれら古筆切の類は、その所伝に必ずしも信を置くことの出来ないものであるし、平仮名を書綴った人物と、平仮名による和歌和文の作者とは、本来別個のものの筈であるが、平仮名が男性と縁の深いものであることは、この点からも察知し得るといふものであらう。

と指摘する。[2] 築島は、男性は漢字と平仮名の双方を用いることができ、漢字を用いて漢詩漢文を制作するとともに、平仮名を用いて和歌和文をつくることができたのに対し、女性は平仮名しか用いることができず、平仮名で和歌和文をつくることとしかできなかったことから、漢字を男手とよび、漢字を使用することのできない女性でも使用し得る文字の意で平仮名が女手とよばれることになったと言うのである。漢字を男手、平仮名を女手と称することは、男性は漢字だけ、女性は平仮名だけを用いたことを意味するのではない。男手、女手とは、男性は漢字と平仮名を用いることができ、第一義的な生活の場所である公的な場においては漢字を用い、第二義的な私的な場において平仮名を用いたのに対し、私的世界しか持ち得なかった女性は平仮名を用いることとしかできなかったことからつけられた呼称と見るべきであろう。

また、千野香織は平安時代における美術には

公＝唐絵＝男性性

私＝やまと絵＝女性性

という二重構造が存在したとし、男性は「公」と「私」の二つの領域を使い分けていたのに対し、女性は「私」の世界に閉じこめられていたことから、公の世界を男性で表し、私の世界を女性で表すという構図が存在するに至ったと指摘する。(3)

男手、女手および唐絵、やまと絵の対比は、いずれも公と私の対比が男と女の対比によって表されているものであり、しかも女によって象徴される女手、やまと絵は女のみが行うものでなく、男も行いうるものであるという点、『古今集』真名序の「故半為婦人之右。難進大夫前」という表現と呼応する。

これらのことを勘案すると、『古今集』真名序の「故半為婦人之右。難進大夫前」という表現は、先に推測したように漢詩文が公的なもので、和歌は私的なものであることを示したものであり、和歌が男性に全く行われなくなったことを示したものでないことが確認できよう。とすると、真名序の「故半為婦人之右。難進大夫前」という表現は、先に引用した仮名序の「まめなる所には、花薄穂に出すべきことにもあらずなりにたり」と同様の状況、すなわち和歌が恋の贈答などを中心に私的な場で詠まれて、公的な場には出し得なくなった状況を示していると解することができよう。

以上、『古今集』の仮名序、真名序の平安時代初頭における和歌の社会的地位に関する記述の分析から、次のようなことが推測できよう。

（1）平安時代の社会には、公的な場と私的な場という区別が存在した。
（2）文芸もまた、公的な場に出せる公的な文芸と公的な場に出せない私的な文芸に分けられていた。
（3）公的な文芸は漢詩文であり、それ以外のものは私的な文芸とされた。
（4）男性も私的な文芸を行うことがあったが、それはあくまでも私的な立場においてであり、公的な律令官人として表立って私的な文芸を行うことは許されなかった。

平安時代の国家は、律令制のもとに存在する国家、すなわち律令によって整備された官僚機構が政務を司り、律令という法に基づいて国家が統治、運営される国家であった。故にその官僚組織およびその官僚組織が司る政務が公的なもの、個人および個人的な関係に基づく諸活動は私的なものと見なされた。また律令官人の多くは男性であったため、男性は律令官人として公的な活動に従事するとともに私的な生活領域を有したのに対し、女性の多くは律令制に基づく官僚組織に組み込まれることなく、公的な活動に従事しえなかったが故に、私的な生活領域しか持たない存在とならざるを得なかった。（1）の平安時代の社会が公的な場と私的な場に分けられていたというのは、平安時代の社会がその基盤を律令制に置いているところからの当然の帰結であろうし、（2）、（3）の文芸が公的な文芸と私的な文芸に分けられ、公的な文芸は漢詩文で、それ以外は私的な文芸とされていたというのも、律令制が中国から移入されたものであるが故に、中国の文字や文章、すなわち漢字漢文は公的なものと見なされ、それ以外のもの、例えば和歌や和文は私的なものと見なされたということであろう。（4）の男性も私的な文芸を行うこともあったが、それはあくまでも私的な立場においてであり、公的な律令官人として表立って私的な文芸を行うことは許されなかったという点も、男性は公的な律令官人という面と一人の生活者としての私人という立場を持っていたが、彼らの第一義的な活動の場は公的な場であり、私的な生活領域は彼らにとって第二義的な意味しか持たないものであったからであろう。律令制の発祥地中国においても、「漢代から隋唐時代の公私論は（中略）概していえば、公と私は社会生活における異なった領域として二つながら機能する場が承認されていた。（中略）とはいえ、それは公の圧倒的優位のもとでの私の容認であって、両者が競合したさいはつねに公を優先すべきことが説かれた」[4]という状況にあったから、それを移入した日本においても、公的な律令官人としての身分を持つ男性貴族にとって公的な活動がより優位なものとして尊重されるのは当然のことであったであろう。

ところが、『古今集』がわが国初の勅撰和歌集として編纂されると、それまでの

公的な文芸　　漢詩文
私的な文芸　　和歌、和文

という図式に変化が生じることとなる。勅撰という行為は天皇の命によって、詩歌、文章を撰することであるから、これは公の事業である。しかも和歌を対象とした勅撰集が選ばれるということになると、勅撰の対象となる和歌自体も公的なものと認められたことになる。すなわち、『古今和歌集』が撰進されたことによって、文芸の社会的地位の図式は

公的な文芸　　漢詩文、和歌
私的な文芸　　和歌以外の和文

という形になったのである。このようにして、和歌が公的な文芸として認められたということは、律令官人たる男性も和歌を表立って詠ずることができるようになったことを意味する。もちろん、和歌が公的な地位を獲得したからといっても、やはり格としては漢詩文の方が一段上の存在であったようだが、それにしてもそれまで私的なものとしてさげすまれてきた和歌が、貴族社会で高い評価を受けるようになったことにかわりはない。『古今集』の成立以後、公的な文芸＝漢詩文・和歌、私的な文芸＝和歌以外の和文という意義づけが生じたわけであるが、この評価は平安時代を通じて変わることはなかった。

二

ところで、王朝女流文学の隆盛を最も端的に表しているのは、王朝女流日記文学の存在であろう。平安時

代には、『蜻蛉日記』を初めとして『和泉式部日記』、『紫式部日記』、『更級日記』といった優れた女流日記文学が生み出され、平安文学における女性作家の存在の大きさを強く印象づけている。しかし、この日記文学というジャンルを開拓したのも、実は男性であった。日記文学の嚆矢は『土佐日記』である。しかしなぜ、男性の手によって拓かれた日記文学がそれ以降男性作家によって引き継がれることなく、女性作家のものとなってしまったのであろうか。その理由は、『土佐日記』そのものが本来持っていたところの日記文学というジャンルの特性によると思われる。

では、その日記文学の特性とはどのようなものであるのか、『土佐日記』を通して検証してみたいと思う。『土佐日記』は紀貫之が土佐から帰京してまもなく書かれたと推定される作品であるが、なぜ貫之は『土佐日記』のような、それまでの文学作品とは形態を異にする作品を書こうとしたのであろうか。

貫之は土佐を出発して都に到着するまでの旅の間、彼の心の中に存した感情を十全に表現したい欲望に駆られていたのではなかろうか。しかも貫之が土佐から帰京直後、貫之の胸中に存した感情は、和歌や和歌の連作のようなものでは表現しえないものであったのではなかろうか。そのような感情を表現するには、散文それも自己の感情そのものを自由に表現できる和文による散文で表現することが必要であった。仮名和文によって、自己の心情を自由に表現し、旅の体験を書きたいという欲求、これが貫之に『土佐日記』を書かしめた動機であったと思われる。

しかし、仮名散文によって自己の心情を表現するという試みは、それまでなされたことはなかった。もちろん、そうした文学形態を確立するだけの基盤が整っていなかった、つまり散文文学が未発達であったという事情もあるが、それと同時に、仮名散文によって個人の心情を表現するということは、当時においては二流の文芸であり、律令官人たる男性が表立って行えるものではなかったという理由も存在した。そうした状況で自己の心情の表白を中心とした仮名和文による旅の記録をどうしたら書くことができるのか。そこで貫之が考案したのが、女性に日記を書かせるという方法ではなかったか。当時男性官人たちは日記をつけていた。しかし、それは漢文による日記であり、公的な出来事に関する記録であり、彼らの私的な生活を記すものではなかった。

男もすなる日記といふものを、女もしてみむとてするなり。

『土佐日記』をこう書き始めたとき[5]、つまり女が日記を書くのだと宣言したとき、この日記は男性の書く漢文による公的世界の記事を記す日記とは異なった性格の日記、すなわち女性に許される仮名散文の日記であり、書かれる内容は私的な生活領域に関わることに限られる日記ということが、自ずと導き出されたであろう。女が日記を書くという、この『土佐日記』冒頭の一文によって、『土佐日記』は仮名和文により私的な世界を表現するという新たな表現領域を獲得したのである。それまで存在せず、特に男性官人が容易に書くことのできなかった、仮名和文による私的世界の表現が、この『土佐日記』冒頭の一文によってたやすく拓かれることになったのである。

しかし、貫之は女性になりきったまま、この日記を書き通そうとはしなかった。彼が、表現したかったのは、彼自身の感情や生活体験であり、ある女の感情や生活体験ではなかった。日記のほとんどの部分は貫之自身が書き手となって文章を書いているといっていい状態で書かれている。もちろん、女性が日記の書き手であることを示す記述は、日記の所々に散見し、日記の書き手が女性であるという作品の冒頭で示された姿勢は、作品の最後まで一応保たれている。しかし、日記の多くの部分は貫之その人自身の感懐を記したものと読めるのであり、貫之が書き手を女にすることにそれほど意を払っていなかったことが推測される。

例えば、日記冒頭近くの十二月二十五、二十六日条を引用してみよう。

二十五日。守の館より、呼びに文持て来たなり。呼ばれて到りて、日一日、夜一夜、とかく遊ぶやうにて明けにけり。（十二月二十五日）

二十六日。なほ守の館にて饗宴《あるじ》しののしりて、郎等までに物かづけたり。漢詩、声あげていひけり。和歌、主も客人も、こと人もいひあへりけり。漢詩はこれにえ書かず。和歌、主の守のよめりける、

みやこ出でて君にあはむと来しものを来しかひもなく別れぬるかな

となむありければ、帰る前の守のよめりける、

しろたへの波路を遠く行き交ひてわれに似べきはたれならなくに

こと人々のもありけれど、さかしきもなかるべし。

とかくいひて、前の守、今のも、もろともに降りて、今の主も、前のも、手取り交して、酔ひ言にこころよげなる言して、出で入りにけり。（十二月二十六日）

この箇所では、「漢詩はこれにえ書かず」というように、この日記の書き手が女性であることがほのめかされているが、新任の国守の館に、国守の館を引き渡した貫之側の女性が招かれるということがあるであろうか。そのような事態は当時あってはならないことであり、この部分は貫之が書き手となって自らをも第三者として書いた部分と考えるのが妥当であろう。

また、二月五日条には

かくいひて、ながめつつ来るあひだに、ゆくりなく風吹きて、漕げども漕げども、後へに退きに退きて、ほとほとしくうちはめつべし。楫取のいはく、「この住吉の明神は、例の神ぞかし。ほしき物ぞおはすらむ」とは、いまめくものか。さて、「幣を奉り給へ」といふ。いふに従ひて、幣奉る。かく奉れれども、もはら風やまで、いや吹きに、いや立ちに、風波のあやふければ、楫取、またいはく、

「幣に御心のいかねば御船も行かぬなり。なほ、うれしと思ひ給ぶべきもの奉り給べ」といふ。また、いふに従ひて、いかがはせむとて、「眼もこそ二つあれ、ただ一つある鏡を奉る」とて、海にうちはめつれば、口惜し。されば、うちつけに、海は鏡の面のごとなりぬれば、ある人のよめる歌、

ちはやぶる神の心を荒るる海に鏡を入れてかつ見つるかな

いたく、「住江」「忘草」「岸の姫松」などいふ神にはあらずかし。目もうつらうつら、鏡に神の心をこそは見つれ。楫取の心は、神の御心なりけり。（二月五日）

とあるが、ただ一つしかない鏡を海に投げ入れる決断をするのにふさわしい人物は、この旅においては貫之をおいて他にはない。この部分は、貫之が日記の書き手になっているとしか考えられない。

貫之が表現したかったのは、彼自身の心情である。そのためには、彼が表現の主体とならねばならない。しかし、彼自身が表現主体となり、自らの心情を切実に表現すれば、彼は私的な世界を専らにし、二流の文芸を専らにしていることとなり、世間から非難を受けずにはすまないであろう。第一仮名散文で日記を書くこと自体が問題とされる。そこで貫之は日記の書き手を女性とする方法を選んだ。そうすることによって、貫之は仮名散文によって私的経験世界を表現することのできる場を確保した。かつ、このように女性を日記の書き手として設定し、貫之自身が文章の書き手となった場合、この日記は書き手の混乱を引き起こし、まともに書かれた作品ではないとの印象をそれを読む者に与える。彼が多くの場面で日記の書き手となっても、作品の所々に書き手が女性であることをにおわす表現を配しておけば、この作品は貫之のまじめな述作ではなく、戯れに書かれたものとの印象を読者に与える。それだけではない。貫之は日記の随所に、当時男性だけが用いた訓読語をわざと用い、男性が日記を書いているように見せる工夫も施している。さらに、亡児を哀傷する記事、和歌に関する記述、人々に対する批評的な記述、その他旅でのさまざまな感懐が記されるこ

とは、『土佐日記』がある統一したテーマを持った作品との印象を与えることを妨げる。これらさまざまな記述の混在は、この作品に統一した印象を与えず、手すさびに書かれたとの印象を与える。また作品の随所に認められる滑稽な諧謔的表現も、この作品がいい加減に書かれたものとの印象強く与える。例えば、

　二十四日。講師、馬のはなむけしに出でませり。ありとある上、下、童まで酔ひ痴れて、一文字だに知らぬ者、しが足は十文字に踏みてぞ遊ぶ。（十二月二十四日）

といった駄洒落のような諧謔表現や

　さて、十日あまりなれば、月おもしろし。船に乗り始めし日より、船には紅濃く、よき衣着ず。それは、海の神に怖ぢてといひて、何の葦蔭にことづけて、老海鼠のつまの貽鮨、鮨鮑をぞ、心にもあらぬ脛にあげて見せける。（一月十三日）

といったやや下品な好色的くすぐりなども、滑稽表現の一つととらえてよいであろう。また、一月十三日の記述は書き手が男性であることを想像させる点で、書き手の混乱をも生じさせている。

　このように『土佐日記』は、作品がいい加減に書かれたような印象を与える仕組みが随所に織り込まれている上に、作品の最後は

　忘れがたく、口惜しきこと多かれど、え尽くさず。とまれかうまれ、とく破りてむ（二月十六日）

という表現によって閉じられる。このように作品が構成されたとき、『土佐日記』という作品は、読者にとってもはや貫之がまともに書いた作品とは読まれないであろう。(6)

　しかし、この作品を詳細に分析してみると、この作品は周到な構成意識をもって書かれていることを示す箇所が随所に認められる。

例えば、『土佐日記』において漢詩に言及された場面について見てみると、

（1）漢詩、声あげていひけり。和歌、主も客人も、こと人もいひあへりけり。漢詩はこれにえ書かず。和歌、主の守のよめりける、

　みやこ出でて君にあはむと来しものを来しかひもなく別れぬるかな

となむありければ、帰る前の守のよめりける、

　しろたへの波路を遠く行き交ひてわれに似べきはたれならなくに

こと人々のもありけれど、さかしきもなかるべし。（十二月二十六日）

（2）この折に、ある人々、折節につけて、漢詩ども、時に似つかはしきいふ。また、ある人、西国なれど甲斐歌などいふ。「かくうたふに、船屋形の塵も散り、空行く雲も漂ひぬ」とぞいふなる。

（十二月二十七日）

（3）むべも、昔の男は、「棹は穿つ波の上の月を、舟は圧ふ海の中の空を」とはいひけむ。聞き戯れに聞けるなり。また、ある人のよめる歌、

　水底の月の上より漕ぐ舟の棹にさはるは桂なるらし

これを聞きて、ある人のまたよめる、

　かげ見れば波の底なるひさかたの空漕ぎわたるわれぞわびしき

（一月十七日）

（4）男どちは、心やりにやあらむ、漢詩などいふべし。船も出ださで、いたづらなれば、ある人のよめる、

　磯ふりの寄する磯には年月をいつともわかぬ雪のみぞ降る

この歌は、常にせぬ人の言なり。また、人のよめる、

　風による波の磯には鶯も春もえ知らぬ花のみぞ咲く

この歌どもを、すこしよろし、と聞きて、船の長しける翁、月日ごろの苦しき心やりによめる、

立つ波を雪か花かと吹く風ぞ寄せつつ人をはかるべらなる

（一月十八日）

（5）二十日の夜の月出でにけり。山の端もなくて、海の中よりぞ出で来る。かうやうなるを見てや、昔、阿倍仲麻呂といひける人は、唐土にわたりて、帰り来ける時に、船に乗るべきところにて、かの国人、馬のはなむけし、別れ惜しみて、かしこの漢詩作りなどしける。飽かずやありけむ、二十日の夜の月出づるまでぞありける。その月は、海よりぞ出でける。これを見てぞ仲麻呂のぬし、「わが国に、かかる歌をなむ、神代より神もよん給び、今は上、中、下の人も、かうやうに、別れを惜しみ、喜びもあり、悲しびもある時にはよむ」とて、よめりける歌、

青海原ふりさけみれば春日なる三笠の山に出でし月かも

とぞよめりける。かの国人、聞き知るまじく、思ほえたれども、言の心を、男文字にさまを書き出だして、ここのことば伝へたる人にいひ知らせければ、心をや聞き得たりけむ、いと思ひのほかになむ賞でける。唐土とこの国とは、言異なるものなれど、月のかげは同じことなるべければ、人の心も同じことにやあらむ。

（一月二十日）

（6）男たちの心なぐさめに、漢詩に「日を望めば都遠し」などいふなる言のさまを聞きて、ある女のよめる歌、

日をだにも天雲近く見るものをみやこへと思ふ道のはるけさ

また、ある人のよめる、

吹く風の絶えぬ限りし立ち来れば波路はいとどはるけかりけり

（一月二十七日）

というように、漢詩について言及がなされた場合、その後に必ず和歌が詠まれている。これは、漢詩と和歌

とは同等のものであることを主張するために、意図的になされた記述であると考えられる。(7)

また、鈴木知太郎は『土佐日記』の構成上の特徴の一つとして、その対照的手法を指摘し、その具体例の一つとして以下のように記号を付した本文示す。(8)

十六日。けふのようさつかた京へのぼるついでにみれば、イ　やまざきのこひつのゑも、まがりのおほちのかたもかはらざりけり。ロ「うりびとのこころぞしらぬ。」とぞいふなる。かくて京へいくに、ハ　しまさかにて、ひとあるじしたり。かならずしもあるまじきわざなり。たちてゆきしときよりは、くるときぞひとはとかくありける。これにもかへりごとす。よるになして京にはいらんとおもへば、いそぎしもせぬほどにつきいでぬ。かつらがは、つきのあかきにぞわたる。ひとびとのいはく、ニ「このかは、あすかがはにあらねば、ふちせさらにかはらざりけり。」といひて、あるひとのよめるうた、

　ひさかたのつきにおひたるかつらがはそこなるかげもかはらざりけり

また、あるひとのいへる、

　あまぐものはるかなりつるかつらがはそでをひでてもわたりぬるかな

また、あるひとよめり。

　かつらがはわがこころにもかよはねどおなじふかさにながるべらなり

京のうれしきあまりに、うたもあまりぞおほかる。よふけてくれば、ところどころもみえず。京にいりたちてうれし。いへにいたりて、かどにいるに、つきあかければ、いとよくありさまみゆ。ホききしよりもまして、いふかひなくぞこぼれやぶれたる。いへにあづけたりつるひとのこころも、あれたるなりけり。なかがきこそあれ、ひとついへのやうなれば、のぞみてあづかれるなり。さるは、

たよりごとに、ものもたえずえさせたり。こよひ、「かかること。」と、こわだかにものもいはせず。いとはつらくみゆれど、こころざしはせんとす。へ　さて、いけめいてくぼまり、みづつけるところあり。ほとりにまつもありき。いつとせのうちに、千とせやすぎにけん、かたへはなくなりにけり。ト　いまおひたるぞまじれる。おほかたの、みなあれにたれば、「あはれ。」とぞひとびといふ。おもひいでぬことなく、おもひこひしきがうちに、チ　このいへにてうまれしをんなごのもろともにかへらねば、いかがはかなしき。リ　ふなびともみなこたかりてののしる。かかるうちに、なほかなしきにたへずして、ひそかにこころしれるひとといへりけるうた、

ヌ　むまれしもかへらぬものをわがやどにこまつのあるをみるがかなしさ

とぞいへる。なほあかずやあらん、またかくなん。

みしひとのまつのちとせにみましかばとほくかなしきわかれせましや

わすれがたく、くちをしきことおほかれど、えつくさず。

（二月十六日）

鈴木は、この本文の記号を付した部分について、

（1）　イとロ　不変と変（自然と人事）
（2）　ハとニ　変と不変（人事と自然）
（3）　ニとホ・ヘ・ト　不変と変（自然と人事と自然・自然）
（4）　トとチ　生と死（いずれも変）
（5）　チとリ　死と生（いずれも変）
（6）　リとヌ　生と死（いずれも変）

というように、対照的な構成がなされているとし、さらにこうした対照的な構成も巨視的に見ると、

「不変」の中心におかれたのはニの「あすかがは」であり、「変」の中心とせられてゐるものはホ以下の部分であろう。そのことは前者が三首の歌を連ねることによって、その「不変」を繰返して強調し、後者が「変」の事実を幾重にも積み上げ、それらの結集した力を最後におかれた亡児を悼む二首の歌に流し込んで、親としての永遠の嘆きを嘆いてゐることによっても推察せられよう。

とする。

『土佐日記』を子細に分析してみると、この他にも周到な構成意識を持って書かれている部分が多く存在するのであり、『土佐日記』が貫之の手すさびに書かれたという印象は、むしろ意図的に施されたものであることが知られるのである。

『土佐日記』とはいい加減な態度で書かれたものと装うことによって、貫之が真に表現したいものを作品の中に封じ込めた作品と見ることができよう。そもそも『古今集』という歌集をあれほど精緻な構造体として組織した貫之が、いくら戯れに書いたとはいえ、これほどいい加減な文章を書くことはありえないのではないだろうか。貫之が真に表現したかったのは、亡児哀傷という表現に仮託した、土佐赴任中に亡くなった兼輔をはじめとする和歌文学の庇護者たちに対する貫之の哀惜の念であったのであろう。(9) しかし、貫之はその哀惜の念を率直に表現することはできなかった。『土佐日記』のような私的な経験を仮名散文で表現するといった文章を、もし貫之がまともに書いたとしたら、貫之は私的な世界を専らにする者として、当時の貴族社会から厳しい非難を受けずにはすまされなかったであろう。そこで、貫之は『土佐日記』がいい加減に書かれた作品であるかのように見せかけて、その中に彼の本当に表現したいことを封じ込めたのではなかろうか。当時律令官人であった男性が、私的な経験を仮名散文で書くとしたら、これが限界であった。『土佐日記』の後、男性による仮名散文の日記文学が書かれなかった理由はそこにあろう。つまり、当時の文芸観からすれば貫之のように偽装を施す以外、仮名散文によって自己の心情を率直に表現することは許されず、それ以上に男性律令官人が仮名散文で自己の心情を切実に表現することは認められないことであったのである。

私的な経験を仮名散文で自由に書けるのは、私的世界しか持ち得ず、それを専らにしうることが許された女性たちであった。『土佐日記』に続く本格的な日記文学として、道綱母という女性の手になる『蜻蛉日記』が生まれてくる必然はそこにあった。

『蜻蛉日記』の冒頭は日記の序文ともいうべき文章から始まる。(10)

かくありし時過ぎて、世の中にいとものはかなく、とにもかくにもつかで、世に経る人ありけり。かたちとても人にも似ず、心魂もあるにもあらで、かうものの要にもあらであるも、ことわりと思ひつつ、ただ臥し起き明かし暮らすままに、世の中に多かる古物語のはしなどを見れば、世に多かるそらごとだにあり、人にもあらぬ身の上まで書き日記して、めづらしきさまにもありなむ、天下の人の品高きやと問はむためしにもせよかし、とおぼゆるも、過ぎにし年月ごろのこともおぼつかなかりければ、さてもありぬべきことなむ多かりける。

また、上巻末尾は次のように締めくくられている。

かく年月はつもれど、思ふやうにもあらぬ身をし嘆けば、声あらたまるもよろこぼしからず、なほものはかなきを思へば、あるかなきかのここちするかげろふの日記といふべし。

ここで道綱母は、この作品を「日記」、「かげろふの日記」と呼んでいる。『土佐日記』では、「男もすなる日記」という言葉に対応するかのように、日次の形式が採られ、土佐から京の自宅に戻るまでの記録が、一日も欠かすことなく綴られていた。それに対し、『蜻蛉日記』は、時間の推移を追いつつ自己の記録を記すという点では共通するものの、毎日の記録という性質、つまり一日も欠かすことなく記事を記すという姿勢は放棄されている。それどころか、明確な日付けを伴うことなく多くの記事が書き進められている。にもかかわらず、道綱母はこれを日記と命名している。彼女が『土佐日記』の本質をどの程度まで理解していたかは不明だが、少なくとも自己の体験に基づく私的な経験を記したものを、日記と称して差し支えないという認識に達していたのは事実であろう。

このような日記文学に対する認識の相違は一見たいした相違でないように思われるが、そこには日記文学という概念に変更を加える大きな変化が存在した。日記文学が日次の記録でなくともよい、正確な日付を伴わなくてもよいという認識の成立は、正確な日付に拘束されることなく、自己の体験を自由に書くことのできる文学形式、いわば近代の私小説同様の文学形式が日記という名称のもとに成立したことを意味する。ここに日記とは、自己の体験を時間の推移のもとに綴る表現形式という認識が得られたのである。その意味で『蜻蛉日記』の成立は、それ以後の女流日記文学の発生を促す重要な契機となった。日記文学という形式は、男性の日記とは異なり、特定の日付への意識を強く持つことなく、自己の体験を語りうる文学形式であり、しかもそこでは仮名散文によって自らの体験を自由にありのまま記すことができる。男性にとって、このような私的な体験を仮名散文で綴るということは、『土佐日記』の例で見たように容易なことではなかった。しかし、女性にとっては、このような形式のもとで自らの体験を真摯に綴ることは許されていた。男性は律令官人という制約上、このような私的世界を仮名散文で記すことは憚られたが、女性たちは私的な世界しか持たず、私的な生活それ自体に専念することに何の憚りもなかった。『蜻蛉日記』以後、続々と自らの切実な体験を記した『和泉式部日記』『紫式部日記』『更級日記』といった女性の手による日記文学が生み出されることとなるのはこのような事情によるものと思われる。

三

当時仮名散文文学としては、日記文学の他に『竹取物語』のような作り物語も存在したが、平安時代におけるこれらの物語は、『三宝絵詞』によれば、「木草山川鳥獣魚虫など」が人間のように話をし、情けを示すようなものから、男女の恋物語の類まで幅広い内容のものであるが、それらは「女の御心をやるもの」と評されていた。ということは、これら物語は女性が専らにするものであり、律令官人たる男性がまともに取り組むものではないと考えられていたことを示している。『竹取物語』『落窪物語』『うつほ物語』といった、現存する初期の物語は全て男性の手になったものと考えられる。しかし、男性が物語を制作することは、手すさびの余技といった程度のものであり、男性が物語制作に真剣に取り組むという意識はなかったと想像される。

それら男性の手によって生み出された物語の水準をさらに一層の高みに引き上げたのは、紫式部によって生み出された『源氏物語』であった。『源氏物語』の誕生によって、物語文学は近代小説に比肩しうるほどの文学的価値を獲得することになったといえよう。このような高度な文学的達成は『源氏物語』の作者紫式部の個人的な才能や資質に帰するところが大きいであろうが、それと同時にそれまで多くの物語文学をつくってきた男性によってではなく、紫式部という女性によってそれがなされたことにも注目する必要があると思われる。男性にとって物語とは、『三宝絵詞』が言うように「女の御心をやるもの」と意識され、それは彼らがまともに取り組むべきものではなく、余技として創作するものと意識されていた。物語とは、男性にとって全身全霊を傾けて創作するに当たらないものであった。それに対し、女性は物語に全身全霊を打ち込むことが許されていた。紫式部においても、物語創作ははじめは所在ない心を紛らわす程度のものであったかもしれないが、『源氏物語』を執筆するにつれて、物語は彼女の人生を賭けるものとなっていったと推測される。『源氏物語』蛍巻の有名な物語論で、源氏は物語に熱中する玉鬘に対し次のように言いかける。[11]

あなむつかし。女こそものうるさがらず、人に欺かれむと生まれたるものなれ。ここらの中にまことはいと少なからむを、かつ知る知る、かかるすずろごとに心を移し、はかられたまひて、暑かはしき五月雨の、髪も乱るるも知らで書きたまふよ
（蛍巻（3）二一〇―二一一）

これは、『三宝絵詞』に記された物語とは「女の御心をやるもの」との表現をそのまま承けた発言とみることができ、当時の男性貴族の物語に対する態度を示したものといえよう。ただし、源氏の物語を軽く見る態度に玉鬘が反発すると、源氏が次のように発言するのは注目に値しよう。

「骨なくも聞こえおとしてけるかな。神代より世にあることを記しおきけるななり。日本紀などはただかたそばぞかし。これらにこそ道々しくくはしきことはあらめ」とて笑ひたまふ。

「その人の上とて、ありのままに言ひ出づることこそなけれ、よきもあしきも、世に経る人のありさまの、見るにも飽かず聞くにもあまることを、後の世にも言ひ伝へさせまほしきふしぶしを、心に籠めがたくて言ひおきはじめたるなり。よきさまに言ふとては、よきことのかぎり選り出でて、人に従はむとては、またあしきさまのめづらしきことをとり集めたる、みなかたがたにつけたるこの世の外のことならずかし。他の朝廷さへ、作りやうかはる、同じ大和の国のことなれば、昔今のに変るべし、深きこと浅きことのけぢめこそあらめ、ひたぶるにそらごとと言ひはてむも、事の心違ひてなむありける。
（蛍巻（3）二一二―二一三）

源氏は物語には昔からの世間に起こったことを書き記したもので、道理にかなった詳しい事柄が書いてあるのだと言い、ありのままを書いたのではないにしても、この世に生きている人の有様を書き記したもので、

日本紀などはほんの一面しか表現していないと明言する。ここには、男性社会で重んじられている日本紀というような史書も実社会の一面をすくい取ることしかできないものであり、人間の本当の姿は物語の中に描かれているとする考え方が見て取れる。ここには物語は私的な文芸であり、二流のものであり、漢詩文こそ正当な一流の文芸だとする、当時の一般的な通念に対する厳しい批判の目がある。日本紀のような史書では、すくい上げることのできない、人間の真実、それを表現するのが物語だとする主張には、当時の文芸観に対する、紫式部の痛烈な批判が籠められていると見てよいであろう。

紫式部はこのような自負を持って『源氏物語』を書いたのであり、それは物語を二流の文芸と認識し、それを書くことを余技と考えていた男性とは、遙かに異なる次元で物語を制作していたということになる。紫式部の物語にかける強い思いが『源氏物語』をそれ以前の物語作品とは異質の高いレベルの文学作品となさしめる要因の一つになったことは容易に推測されよう。『源氏物語』が成立した後、『狭衣物語』や『夜の寝覚』といった女性作者の手になると思われる優れた物語が登場することも見逃すことはできまい。

『源氏物語』とともに王朝文学の双璧とされる『枕草子』は、その文学形態において、それに先行する作品を見出しがたい。短い章段を積み重ねる構成の方法は、『伊勢物語』『大和物語』といった歌物語に類似するが、歌物語は歌の詠歌状況を示す短い散文とそれに続く歌で構成されており、歌が各々の章段の中心をなす。それに対し、『枕草子』は歌を含む章段もあるが、散文表現が中心であり、散文によって表現される事柄が各章段の眼目となる。『枕草子』のような文学形態は、作者清少納言によって創始された文学形態と言うことができよう。このような独自な文学形態が女性の手によって創出されたことは注目されるが、ここにも女性が自由に仮名散文を操ることができたという当時の社会事情が反映していると考えられる。当時の男性が『枕草子』のような形式の仮名散文を書くとしたら、やはり二流の文芸である仮名散文を専らにしているとする誹りをまぬがれえなかったであろう。そのような男性たちにとって、『枕草子』のような短い仮名散文の集積で一つの文学作品をつくろうなどという試みは不可能であった。

見てきたように、日記文学や物語文学は男性もその制作に関与したものであった。しかし、日記文学では男性が私的世界を専らにすることを許されないため、『土佐日記』以後男性が執筆する道は閉ざされたし、物語文学も男性にとっては余技でしかなく、全精力を注ぎ込むに足るものではなかった。仮名散文に全精力を注ぎ込むことのできたのは、公的な社会から疎外され、私的世界しか持ち得なかった女性であった。平安時代に女流文学が隆盛を誇った理由は、さまざまあげられており、それらの要因はそれなりに説得力を持つものであるが、それと同時にこれまで述べてきたような観点、すなわち当時は漢詩漢文と和歌のみが公的な文芸として認められ、仮名散文は私的なものとして男性が専らになしえないものとされていたという事実も、平安時代に女性による文学が盛んになった一つの大きな要因として挙げることができるのではないだろうか。

注

（1）『古今和歌集』の本文は、『新編日本古典文学全集』による。
（2）築島裕『平安時代語新論』（東京大学出版会、一九六九年）第二編、第二章、第一節
（3）千野香織「日本美術のジェンダー」『美術史』四三巻二号（一九九四年三月）
（4）溝口雄三他編『中国思想文化辞典』（東京大学出版会、二〇〇一年）Ⅰ政治・社会、公私の項、執筆担当は池田知久、溝口雄三。
（5）『土佐日記』の本文は、『新編日本古典文学全集』による。
（6）拙著『古今歌風の成立』（笠間書院、一九九九年）第二部、第一章

（7）樋口寛「「土佐日記」に於ける貫之の立場」『古典文学の探究』（成武堂、一九四三年）、『日本文学研究資料叢書　平安朝日記Ⅰ』（有精堂、一九七一年）所収

（8）鈴木知太郎「土左日記の構成―特に対照的手法について―」『語文』八輯、一九六〇年五月（『日本文学研究資料叢書　平安朝日記Ⅰ』有精堂、一九七一年）所収

（9）同注（6）

（10）『蜻蛉日記』の本文は、『新編日本古典文学全集』による。

（11）『源氏物語』の本文は、『新編日本古典文学全集』による。

明治期の女性観と文学

猪狩　友一

はじめに

本稿は、二〇一一年二月二十六日に台湾国立政治大学で開催されたシンポジウム「東アジア文学からジェンダーをみる」にて発表した原稿に手を加えたものである。このシンポジウムでは、台湾のみならず韓国やインドの若い研究者たちの、文学とジェンダーの問題への関心の高さを知ることができ、大変刺激になった。明治期の日本が東アジアの中でどのような位置を占めていたのか、改めて考察してみたいと思うが、さしあたり本稿では、当時の女性観と女性による文学作品を概観してみたい。同様の内容は、二〇一一年度の白百合女子大学におけるリレー講義「女性と社会B」の担当授業でも講じた。きわめて啓蒙的な内容ではあるが、基本的な認識の確認という意味でここに掲出することにする。

●男女同権の主張●●●

日本文学史では、例えば、王朝貴族の文化が華やかだった平安時代、『源氏物語』の紫式部、『枕草子』の清少納言をはじめ、すぐれた文学的才能を発揮した女性が何人もいたことは、よく知られている。ところが、武士が実権を掌握した鎌倉・室町から江戸時代にかけては、文学史の表舞台から、女性の姿がほとんど消えてしまったという印象を受ける。例えば、江戸時代に広く読まれた女性の教訓書『女大学』（一七二九年頃成立）では、女性は男性に従うべきものとし、結婚後は夫を主人として絶対的に服従すべきことなどが説かれている。このように、儒教の教えを背景として、封建的な身分秩序や家制度が厳然とあった時代では、たとえ才能のある女性がいても、その才能を発揮する社会的条件がととのっていなかったのではないか、と思われる。

明治期になり、西洋の近代文明や思想が次々と紹介されるようになった。当時の代表的な啓蒙思想家である福澤諭吉は、有名な『学問のすゝめ』初編（明治五年）の冒頭で「天は人の上に人を造らず人の下に人を造らずといへり」と述べ、人間は本来平等であることを述べた。人間が平等であるならば、当然男女も平等でなければならない。福澤は後に『女大学評論・新女大学』（明治三十二年）を著して、『女大学』に代表される封建的な男女不平等の教えを批判し、女性が社会で平等に扱われるべきことを論じている。例えば、「女子は男子よりも親の教、忽《ゆるがせ》にす可からず、気随ならしむ可からずとは、父母たる者は特に心《こと》を用ひて女子の言行を取締め、之を温良恭謙に導くの意味ならん。温良恭謙、固《もと》より人間の美徳なれども、女子に限りて其教訓を忽にせずと云へば、女子に限りて其趣意を厚く教ふるの意味ならん。（中略）既に温良恭謙柔和忍辱《にんにく》の教に瞑眩すれば、一切万事控目になりて人生活動の機を失ひ、言ふ可きを言はず、為す可きを為さず、聴く可きを聴かず、知る可きを知らずして、遂に男子の為めに侮辱せられ玩弄せらるゝの害毒に陥ることなきを期す可からず。故に此一章の文意、美は則ち美に似たれども、特に男子よりも云々と記して男女を区別したるは、女性の為めに謀りて千載の憾《うらみ》と云ふも可なり」と述べ、「学問」については「貴賤貧富に論なく女子教育の通則として、扨学問の教育に至りては女子も男子も相違あることなし。第一物理学を土台にして夫れより諸科専門の研究に及ぶ可し」と述べている。ただし、福澤の思想は男女の区別を前提としたもので、今日から見て限界もある。

女性としていち早く男女同権の思想を説いたのは、岸田俊子（結婚して中島姓に。号は湘煙）である。俊子は文久三（一八六三）年に京都の呉服商の家に生まれ、女子師範学校を病気退学ののち、宮中女官になるが、それを辞めて自由民権運動に参加、全国を遊説して女性の権利の拡張を説いた。また、評論『同胞姉妹に告ぐ』（明治十七年）を著し、「我邦は古昔《いにしへ》より種々の悪き教育《おしへ》習慣風俗のありて。文明自由の国人に対しては甚《いた》く愧ぢ入る事のはべるなり。其の悪しき風俗の最も大なるものは男を尊び女を賎しむる風俗これなり。蓋し此風は東洋亜細亜の悪弊にして。甚だ謂なく道理《ことはり》なきものにぞはべる。試みに思ひ玉へ。人間世界は男《なん》女《によ》もて成りたるものにて。男子《なんし》のみにて世の中を作るべからず。社会《よのなか》一日女子《をんな》無くんば人倫は亡び国は絶ゆるに至るべし。且つ其の霊魂《たましひ》より四肢五官に至る迄男女均しく自然の固有《もちまへ》を得て完備《そなは》らざる所なく。彼のなりなりてなりあまれると。なりなりてなりたらぬ処の如きも。相待て人類の社会を作ることにて。所謂同等同権のものと云ふべし。然るを斯く我邦の風俗の如く男を旦那亭主御主人と尊びつ。女は下女婢《はした》妾御召仕と賎しめられて絶えて。同等の待遇《あしらひ》受けざるは。甚だ遺憾の極ならずや」と、まだ目覚めていない日本の女性たちに、男尊女卑には理由がなく、男女は平等・同権であることを訴えた。

●樋口一葉の小説●●●

こうした新しい時代の流れのなかで、明治二十（一八八八）年頃から、文学においても女性の表現者が何人も登場し、華々しい活躍を始めるようになる。小説では樋口一葉が、詩歌では与謝野晶子が特に有名である。

樋口一葉は明治五（一八七二）年に東京で生まれた。父の死後、一家を支える立場となった一葉は、生活の困窮もあって小説を書き始め、やがて『たけくらべ』（明治二十七〜二十八年）、『にごりえ』（明治二十八年）などを発表。ことに『たけくらべ』は、森鷗外・幸田露伴ら、当時の代表的な文学者の絶賛するところとなったが、それからまもなく、明治二十九（一八九六）年に二十四歳の若さで亡くなった。

小説『にごりえ』は、菊の井という銘酒屋（銘酒を売るという看板を掲げ、ひそかに売春を業としていた店）で「酌婦」を務めるお力《りき》という女性を主人公に、社会の底辺で生きる女のつらさ、哀しみを描いた作品である。その「五」章は「誰れ白鬼とは名をつけし、無間地獄のそこはかとなく景色づくり、何処にからくりのあるとも見えねど、逆さ落しの血の池、借金の針の山に追ひのぼすも手の物ときくに、寄つてお出でよと甘へる声も蛇くふ雉子《きゞす》と恐ろしくなりぬ、さりとも胎内十月の同じ事して、母の乳房にすがりし頃は手打〳〵あわゝの可愛げに、紙幣と菓子との二つ取りにはおこしをお呉れと手を出したる物なれば、今の稼業に誠はなくとも百人の中の一人に真からの涙をこぼして」と始まり、お力について「菊の井のお力とても悪魔の生れ替りにはあるまじ、さる子細あればこそ此処の流れに落こんで嘘のありたけ串戯《じようだん》にその日を送つて、情は吉野紙の薄物に、蛍の光ぴつかりとする斗《ばかり》、人の涕は百年も我《が》まんして、我ゆゑ死ぬる人のありとも御愁傷さまと脇を向くつらさ他処目も養ひつらめ、さりとも折ふしは悲しき事恐ろしき事胸にたゝまつて、泣くにも人目を恥れば二階座敷の床の間に身を投ふして忍び音の憂き涕、これをば友朋輩にも洩らさじと包むに根生のしつかりした、気のつよい子といふ者はあれど、障れば絶ゆる蛛の糸のはかない処を知る人はなかりき」という描写がなされている。ここには世間から「白鬼」「悪魔」とののしられ、軽蔑されるお力のような境遇の女性も、「胎内十月の同じ事して」育った同じ人間であり、「真からの涙」があるのだ（お力はそういう「涙」を人前では見せないようにしている）ということが、明確に述べられている。女性への差別があり、また女性同士の間にも差別があるが、一葉の作品は、そうした差別を乗り越えて、人間として平等に見るべきこと、時には「悲しき事恐ろしき事」が胸に迫ってくる、そうした人間らしい心情に共感すべきことを告げている。

　一葉の小説『十三夜』（明治二十八年）は、十三夜の夜に、お関という女性が実家に戻ってくる場面から始まる。彼女は奏任官という明治政府高級官僚、原田勇の妻であるが、この夜、どうしても離婚をさせてほしいと両親に頼みに来たのであった。

> あゝ何も御存じなしに彼《あ》のやうに喜んでお出遊ばす物を、何《ど》の顔さげて離縁状もらふて下されと言はれた物か、叱かられるは必定、太郎と言ふ子もある身にて置いて駆け出して来るまでには種々思案も し尽しての後《のち》なれど、今更にお老人《としより》を驚かして是れまでの喜びを水の泡にさせまする事つらや、寧《いつ》そ話さずに戻ろうか、戻れば太郎の母と言はれて何時《いつ》〳〵までも原田の奥様、御両親に奏任の聟がある身と自慢させ、私さへ身を節倹《つめ》れば時たまはお口に合ふ者お小遣ひも差あげられるに、思ふまゝを通して離縁とならば太郎には継母《まゝはゝ》の憂き目を見せ、御両親には今までの自慢の鼻にはかに低くさせまして、人の思はく、弟の行末、あゝ此身一つの心から出世の真も止めずはならず、戻らうか、戻らうか、あの鬼のやうな我良人《わがつま》のもとに戻らうか、彼の鬼の、鬼の良人のもとへ、ゑゝ厭や厭や

これは実家の門前で思い悩むお関の内面を描いた箇所だが、ここには彼女に三つの懸念があったことが示されている。第一に何も知らない両親を悲しませること（「今更にお老人を驚かして是れまでの喜びを水の泡にさせまする事つらや」）、第二に奏任官の妻である自分を頼りに、役所で出世の糸口を見つけようとしている弟の将来を台なしにすること（「弟の行末、あゝ此身一つの心から出世の真も止めずはならず」）、そして第三に、太郎という息子を原田家において離婚しなければならず、太郎は継母のもとで育てられる悲しみを味わわせること（「思ふまゝを通して離縁とならば太郎には継母の憂き目を見せ」）、つまり、両親に対しては「子」、弟に対しては「姉」、息子に対しては「母」という役割を意識し、離婚したいという自分の意志を抑えていたのである。だが、夫から「教育のない」女とののしられ、冷たくあしらわれる毎日をすごすうちに、とうとう耐えきれなくなったのであった。

話を聞いたお関の両親は驚き、特に母親は、原田勇の方から、お関に一目ぼれで、ぜひ結婚させてほしいと願ってきたいきさつを持ち出し、身分違いも大丈夫、稽古事も結婚後にさせると言ったのに、いまさらどういうことだと怒る。一方、父親は次のようにお関に言い、このまま何事もなかったように原田の家に帰るように促す。

いや阿関こう言ふと父が無慈悲で汲取つて呉れぬのと思ふか知らぬが決して御前を叱かるではない、身分が釣合はねば思ふ事も自然違ふて、此方は真から尽す気でも取りやうに寄つては面白くなく見える事もあらう、（中略）なれども彼《あ》れほどの良人を持つ身のつとめ、区役所がよひの腰弁当が釜の下を焚きつけて呉るのとは格が違ふ、随がつてやかましくもあらう六づかしくもあろう夫《それ》を機嫌の好い様にとゝのへて行くが妻の役、（中略）お袋などが口広い事は言へど亥之が昨今の月給に有ついたも必竟は原田さんの口入れではなからうか、七光どころか十光もして間接《よそ》ながらの恩を着ぬとは言はれぬに愁《つ》らからうとも一つは親の為弟の為、太郎といふ子もあるものを今日までの辛棒《しんぼう》がなるほどならば、是れから後とて出来ぬ事はあるまじ、離縁を取つて出たが宜《よ》いか、太郎は原田のもの、其方《そち》は斎藤の娘、一度縁が切れては二度と顔見にゆく事もなるまじ、同じく不運に泣くほどならば原田の妻で大泣きに泣け

お関の父は、夫を立てるのが「妻の役」だということ、弟の将来の出世に関わること、そして太郎と会えなくなることを挙げ、お関にこのまま何事もなかったように原田の家に帰るように言う。先ほど確認したように、これらの事柄はお関も承知していたことばかりではあった。が、父親の言葉を聞いて、お関は自分が我《わが》ままだったと、離婚の申し出を撤回する。そして、「私さへ死んだ気にならば」、「今宵限り関はなくなつて魂一つが彼《あ》の子の身を守る」とあるように、精神的な「死」を宣言して「辛棒」すると言明する。結局、自分の意志は両親によっても抑えこまれ、お関はほとんど死んだような生き方を余儀なくされるのである。ここには自分の意志を通そうとしても、「子」「妻」「姉」「母」といった役割を優先せざるをえない、当時の女性の弱い立場が巧みに描き出されていると言えよう。

樋口一葉は、明治二十六（一八九三）年十二月二日の日記に、国会が党派の争いで紛糾し、公益よりも自分たちの利益を優先する様子を憂え、「かひなき女子の何事をおもひたりとも、猶蟻みゝずの天を論ずるにもにて、我れをしらざるの甚しと人しらばいはんなれど、さてもおなじ天をいたゞけば、風雨雷電いづれか身の上にかゝらざらんや」と記している。女の身で世の中のことを考えたとしても、蟻やみみずが天を論じるようなもので、身のほどを知らない行いだという意識と、しかし、同じ空の下に生きている以上、風雨や雷は男女の別なく降りかかってくるという意識と、両方が記されているのである。むろん後者の男女平等の意識の方が求められているのだが、「かひなき女子」といった消極的な意識も気になってしまうようだ。また、

同日の日記の末尾には、こういう世に生まれ合わせた身で、することなしに終ることはできない、なすべき道を尋ね、それを行うだけだとも述べている。そして、「さても恥かしきは女子《おなご》の身なれど」として、

　吹かへす秋の丶風にをみなへしひとりはもれぬものにぞ有《あり》ける

という短歌を記している。吹き返してくる秋の野風に、女郎花（つまり女性）だけ漏れる（野風を免れる）ことはない、という意味であろう。世の中の様々な問題を野風にたとえ、女性だけ無関係というわけにはいかない、と言いたいようだ。一葉の意識は、なすべきことを求めるという方向を目指しているが、一方で「恥かしきは女子の身なれど」と断ってもいるわけで、やはり消極的な思いにもとらわれるようである。

●与謝野晶子の詩歌●●●

一方、女性である自己を自信を持って肯定、解放し、男尊女卑の思想とも対決しようとしたのは、与謝野晶子である。晶子は明治十一（一八七八）年、大阪・堺の老舗の和菓子屋に生まれた。堺女学校卒業後、後に夫となる与謝野鉄幹が創立した新詩社に参加、機関誌『明星』に短歌を発表して第一歌集『みだれ髪』（明治三十四年）を刊行し、注目を浴びた。晶子は後に『歌の作りやう』（大正四年）というエッセイで、自分が歌を詠み始めたのは「今の良人」すなわち鉄幹の影響であったと述べている。

　私は二十歳《はたち》まで歌を詠まうなどとは考へて居ませんでした。（中略）すると或年（明治三十年頃）の春、偶《たまた》ま読売新聞に今の良人《をつと》の歌が載つて居るのを見ましたが、何でも次のやうな歌が幾首か並んで居るのでした。

　　春浅《はるあさ》き道灌山《だうくわんやま》の一《ひと》つ茶屋《ぢやや》に餅食《もちく》ふ書生《しよせい》袴着《はかまつ》けたり

　之《これ》は今から見れば歌になつて居ないものですけれど、其頃の与謝野は自分自身の過去の旧臭《ふるくさ》い歌風

を破壊する手段として此様な粗朴な写実主義を試みて居たのでせう。是等《これら》の歌を見て、私は此様に形式の修飾を構はないで無造作に率直に詠んでよいのなら私にも歌が詠め相だと思ひましたが、其儘《そのまゝ》で二三年経つて、明治三十三年の春、与謝野が新詩社を起して短歌改革の新運動を起したのを機会に、私は突然制作欲を感じて詠草を新詩社に送りました。

鉄幹は当時、自我を尊重するロマン主義的な方向で、短歌をはじめ、新しい詩歌の創造を推進していた。晶子は少女の頃から、古典に親しんでいたようだが、和歌や俳句はやかましい作法などがあり、また内容も大したものではないと思っていたという。それが鉄幹の自由で率直な作風に触れ、こんな詠み方でよければ、自分にも詠めそうだと思ったというのである。

『みだれ髪』から、晶子の短歌を引用する。

その子二十《はたち》櫛にながるる黒髪のおごりの春のうつくしきかな

その女性はちょうど二十歳、櫛ですかれる、流れるような黒髪は、彼女がまさに青春にあることの誇らしさを示し、とても美しいという歌である。「おごり」は思い上がって得意になる、わがままな振舞いをするという意味の動詞「おごる」の名詞形で、普通は悪い意味で用いられる。ところが、この歌の「おごりの春」は決して否定的ではない。「おごり」と見えるほど、自分の青春を誇らしく思っている、そういう女性を美しいと歌っているのである。

やは肌のあつき血汐にふれも見でさびしからずや道を説く君

これは『みだれ髪』でも一番有名な歌である。柔らかな女性の肌、その熱い血潮に触れてもみないで、寂しくないのですか、と問いかけている。「道を説く君」は道徳的な、あるいは哲学的な思想を説いている真面目そうな男性、おそらくは若い男性であろう。つまりこの歌は、観念的な思想を説いてばかりいる男性に、女性の「やは肌」に触れなくて寂しくないのか、と呼びかける、挑発的なものということになる。

春みじかし何に不滅《ふめつ》の命ぞとちからある乳《ち》を手にさぐらせぬ

青春は短く「不滅の命」などはない、だから、若々しい力のある自分の乳房（いまを生きる自分の象徴）を、恋人の手にゆだねた、という歌。「やは肌の」の歌と結びつけて理解する必要はないが、「何に不滅の命ぞ」という表現には、「不滅の命」といった宗教的、観念的な思念を説いても空しいだけであり、それよりもこの「ちからある乳」を、いままさに「春」を謳歌するこの具体的な生命をこそ大切にしなければならない、といった発想が読み取れる。女性の側から「手にさぐらせぬ」という表現も実に大胆だ。この歌の力強さには理屈をこえた迫力がある。

罪おほき男こらせと肌きよく黒髪ながくつくられし我れ

罪の多い男を懲らしめなさいと、肌が清らかに、黒髪も長く美しくつくられた私だと歌っている。古くは、仏教などの教えに、女性を不浄なもの、罪が多いものと見なす考えもあった。この歌は「罪おほき男」と歌うことで、そうした古い考えを逆転させる力も持っているように思われる。

晶子は『みだれ髪』刊行の翌年、明治三十五年に与謝野鉄幹と結婚したが、その後夭折も含め十二人もの子を出産したという。晶子の第十歌集『青海波《せいがいは》』（明治四十五年）には、妊娠・出産という女性だけが経験する人体の驚異を詠んだ歌が収録されている。

不可思議《ふかしぎ》は天に二日《にじつ》のあるよりもわが体《たい》に鳴る三つの心臓

これは双子《ふたご》を妊娠した時の歌。双子の二つの心臓と自分の心臓とを合せて「三つの心臓」が自分の体内にある。その状態を、空に「二日」つまり二つの太陽があるよりも不思議だと歌っている（「天に二日無し」という『礼記』の言葉を踏まえる）。

その母の骨ことごとく砕かるる苛責《かしやく》の中に健《たけ》き子の啼《な》く

これはまさに出産そのものを歌った歌である。いわゆる産みの苦しみを「骨ことごとく砕かるる苛責」と表し、その苦しみを経て「健き子」が生まれた瞬間の歓び（単に歓びというだけでよいのか、男性の読者にはうかがい知れない部分がある）を表現する。「その母の」と、まず「その」という指示語から始まり、「その」の指示内容である「子」が後にあって、両者の強い絆を示している。

母として女人《によにん》の身をば裂《さ》ける血に清《きよ》まらぬ世はあらじとぞ思ふ

これは出産時に流れる血に清まらない世の中はないと、女性を不浄と見なす古い考えを否定しようとする歌である。女性が妊娠・出産を歌うこと自体、新しい試みだが、晶子の歌はそれだけでなく、男尊女卑の思想と対決し、それを否定しようという意気込み、力強さが感じられる。また、その根底には、女性である自分を肯定し、解放し、自信を持って歌う、そういう晶子のあり方がある。

晶子はまた、日露戦争に出征した弟の無事を願った詩『君死にたまふこと勿《なか》れ』（明治三十七年）を発表し、「親は刃をにぎらせて／人を殺せとをしへしや、／人を殺して死ねよとて／二十四までをそだてしや。」と、戦争で人が殺し合うことに疑問を投げかけた。この詩を、評論家の大町桂月が危険な思想だと批判したが、これに対し、晶子は夫鉄幹への書簡形式で『ひらきぶみ』（明治三十七年）を書き、「私が『君死にたまふこと勿れ』と歌ひ候《さうらふ》こと、桂月様たいさう危険なる思想と仰《おほ》せられ候へど、当節のやうに死ねよ〱と申し候こと、またなにごとにも忠君愛国などの文字や、畏《おそれ》おほき教育御勅語《ごちょくご》などを引きて論ずることの流行は、この方かへつて危険と申すものに候はずや」と、桂月の考えの方がむしろ危険だと反論した。鉄幹らの支えもあって、晶子はこのように、自分が正しいと思う主張を明確に表明することができたのである。

●『青鞜』と「新しい女」たち●

与謝野晶子は、随筆『産屋物語』（明治四十二年）で、樋口一葉の小説について、「男の読者に気に入りそうな女」が描かれていると批判し、これからの女性の小説家は「世間に女らしく見せようとする」ような心を捨て、自己の感情を練り、観察を鋭くして「遠慮なく女の心持を真実に打出す」ようでなければいけないと述べている。こうした新しい自覚を持った女性たちが、確かに育ちつつあった。

明治四十四（一九一一）年、平塚らいてうを編集主幹として、女性による文芸雑誌『青鞜』が創刊され、創刊号には「山の動く日来《きた》る／（中略）／人よ、ああ、唯これを信ぜよ。／すべて眠りし女《おなご》今ぞ目覚めて動くなる。」と歌った晶子の詩『そぞろごと』が載り、また、らいてうは「元始、女性は実に太陽であった。真正《しんせい》の人であった。／今、女性は月である。他に依《よ》って生き、他の光によって輝く、病人のような蒼白い顔の月である」と始まる随筆『元始女性は太陽であった』を載せている。『青鞜』に集った女性たちは、自我の覚醒と解放を求め、「新しい女」と呼ばれた。明治も末期になって、本格的な女性解放運動が始まろうとしていたのである。

ただ、晶子の『産屋物語』には次のような一節もある。

　私は男と女とを厳しく区別して、女が特別に優れた者のように威張りたくて申すのではありません。同じく人である。唯協同して生活を営む上に互に自分に適した仕事を受持つので、児を産むから穢《けがら》わしい、戦争《いくさ》に出るから尊いというような偏頗《へんぱ》な考を男も女も持たぬように致したいと存じます。女が何で独り弱者でしょう。男も随分弱者です。日本では男の乞食の方が多いことを統計が示しております。男が何で独り豪《えら》いでしょう。女は子を産みます。随分男が為《な》さっても可《よ》さそうな労働を女が致しております。

岸田俊子は「人間世界は男女《なんによ》もて成りたるもの」と述べ、樋口一葉は「胎内十月の同じ事して」と述べた、その「同じく人である」という思想は、明治期の進歩的な女性たちに一貫していたと言えよう。

近代になっても、『女大学』に代表される封建的な女性観もなお根強く残っていたが、ここに紹介した人たちをはじめ、新しい思想に目覚めた女性たちが次々と現れ、すぐれた活動と作品を生み出していったのである。

児童文学の中の少女たち

宮澤　賢治

●はじめに●●

明治三十年代に日本の雑誌メディアに突如「少女」という概念が生まれた。だからといって少女という言葉が明治期に急に生まれたものではない。もちろん奈良時代から用いられている用語ではあるが、明治時代に用いられたほど特殊ではなかった。またかつての少女の意味は青年という言葉が男女両方を包含することを示すように、「少年」の一部だったようだ。この明治の「少女」の意味ないし変遷拡大の意味をとき明かそうとするのが本論の目的である。

●明治の「少女」像イメージ●●

広辞苑によれば少女とは、「①おとめ、むすめ②大宝令で十七歳以上二十歳以下の女子の称」とある。明治までは女、子どもだとか婦女子といった言葉の中に婦人と子ども全体が混ぜこぜにされてきたのだが、男子と女子に別けられてはっきり少女という範疇ができ上がって来た経緯は文化史や文学史を追って見ることによって明確に見えて来るはずだ。

岩見照代「ヒロインたちの百年」（学藝書林、二〇〇八年）によれば、明治四年（一八七一）十一月、教育制度視察のため横浜を船出した文部大丞、田中不二麻呂と一緒に船に乗ったのが、東京府士族、津田仙弥の娘梅子九歳と他五名の少女たちだ。彼女らはアメリカ公使夫人に伴われて留学生として渡米した。それが少女自立の日本における端緒であった。この津田なる少女こそが後に津田塾の開学をなしたその人、津田梅子であった。『女学雑誌』において、若松賤子が『小公子』の訳で「home」を初めて「家庭」と訳したことは有名だが、ここに至って家庭、家族の役割がクローズアップされた際、子どもの教育や母子関係が見直され、それまでは考えられなかった「愛の巣」としての家庭とそこにあるべき家事労働と消費活動に従事する婦女子の予備軍、つまり女子＝少女たちの群像の出現が予想される。このように一種囲い込まれた少女たちはいつかその位置に満足できなくなる。何でも思い立ったら行動できる男たちへの羨望、何も自分からは動かせない少女たち。それこそが明治二十年代から三十年代の娘たちを揺り動かした原動力だ。しかも好奇的娼婦的女性でない別個体としての存在、それが少女たちだった。こういった少女たちが向かったのがトポスとしての欧米（田舎の少女たちは東京）であり、そこに求めた（あるいは与えられた）のが対話・女紅・踏舞などである。対話とは外国語の積極的摂取のことで、具体例は津田塾や白百合などである。女紅とは裁縫のことで、それを主とした学校の原型（大妻や実践）もつくられた。踏舞は字の通り舞踏である。それは当時の社交の原点である鹿鳴館などがその代表だろう。語学習得のため留学させたり、外国人教師を招いたり、語学学校、ミッションスクールなどの設立にその過去の影を見ることができよう。西洋趣味（南蛮趣味ともいった）、エキゾチシズムに傾倒したのは少女たちが主ではなかったか。これらの羨望・夢からはみだして開花していったのが若松賤子、平塚らいてう、佐藤俊子、樋口一葉、などの将来的には近代の女権を広げた女性たちではなかったか。

●少女雑誌について●●●

少女という言葉で雑誌に表れるのは、明治二十八年八月の「少年世界」（博文館）に少女欄が設けられたことに始まるだろう。金港堂の「少女界」が明治三十五年四月。ここには少女文学、学術、文林、お伽噺などが載った。博文館の「少女世界」は明治三十九年九月から昭和六年十月まで続いたが、歌物語、手芸、礼儀、英語力などを記事にした。「少女の友」（実業之日本社）は明治四十一年二月から昭和三十年六月まで続いたが、ここでは叙情性の強い小説やら童話、竹久夢二の挿絵のほかユーモア少女小説などが載った。明治四十四年一月から昭和十七年四月までの「少女画報」（実業之日本社）は「少女の友」と合併した後、日本的少女小説を連載、吉屋信子らが活躍した。大日本雄弁講談社からの「少女倶楽部」（大正十二年一月—昭和三十七年十二月）は叙情性の濃い少女小説が主流であった。ここまで至るのには女流を強めるための大人の雑誌があったのも事実だ。

●婦人雑誌について●●●

キリスト教的・儒教的人間観や良妻賢母型の雑誌が初めて出たのが明治十七年六月（明治十八年九月まで）の『女学新誌』があったが、最も影響を与えたのは明治十八年七月から明治三十七年二月まで続いた『女学雑誌』である。主筆は巌本善治。モットーは慈善教育看病伝導移籍激励、女性の啓蒙、地位の向上、権利の伸張、教養向上、禁酒、廃娼、結婚改良、料理、交際法、文学批評などが挙げられる。若松賤子の『小公子』の翻訳などがあげられよう。これに対して反欧米化的婦女啓蒙、言文一致を主流にした「以良都女」（＝いらつめ、明治二十年七月―明治二十四年六月）は投書作品をもっぱらとし、山田美妙などが牽引役をはたした。その後は『女学世界』（博文館、明治三十四年一月―大正十四年六月）が出て知徳を併せ持つ女性像や女子にふさわしい生き方などを教示した。大正九年五月創刊の『女学生』は少女小説を目玉にしていた。

これらのバックアップのもとに少女たちの足下が照らされ始めたのだ。

●少女たち町へ

明治二十年代の家庭での位置の拡大は主婦（主婦という言葉も明治七年から用いられた）としてその任務が決まり、家事と子どもの養育、特にしつけと自らの修養などに注がれた。都市のたいていの中間所得者層の家にはどこにも女中、子守り、下女などがいて、その担当部分の仕事は主婦の仕事から外されていた。この子守り、女中、下女たちの出身は一様に田舎か貧困層であった。しかし明治三十八年（一九〇五）の日露戦争前後からいわゆる日本資本主義が確立し、富国強兵策から多くの繊維工場がつくられ、家庭に収まっていたこれら家事労働の少女たちは家庭から外部産業へとその足場を移していったのである。その結果、家庭からは子守り、女中、下女が消えていったと見ても良い。以上のことから家庭では家事全般をこなす主婦の仕事が必然的に増大し、家庭に入り込む少女たちは消え、彼女らは産業世界や女学校や専門学校へ進学し、そこでしつけと修養を受けることとなったのである。このような事情のために、少女たちの心は明治三十年代中頃、急激にその羨望、希望の奉公に爆発的に発展していったように見える。

同時代の女流作家の作品中の少女

与謝野晶子の場合

『女学雑誌』や移入されたマザーグースなどが日本の児童文学畑に与えた影響は計りしれない。既成の文壇女流作家たちが児童文学を書きはじめた。例えば与謝野晶子。この作家は雑誌「明星」で夫、鉄幹ともども明治三十年代を席巻した作家である。晶子が児童文学畑に足を踏み入れたのは明治四十一年（一九〇八）晶子三十歳のことである。その前年に双子の女子を産んでこの年に突如『絵本お伽噺』を刊行した。明治四十三年八月には駿河台から麹町に引っ越し、九月にお伽噺『少年少女』も刊行した。前の年三男麟を生み、子どもは合わせて六人（大正九年までに九人）となり、他方で資金の源、主力の『明星』も瓦解し、解散してしまった（明治四十一年十一月）今、鉄幹の人望も落ち、晶子もお金には相当困っていただろう。懸命に自宅講演会や文学会の講師などして多忙な時期だ。このようなときに自身の子どもたちのためという、自家用性も含めて児童文学に眼を向けたのは、前述の通りだ。一つには若松賤子などの業績からの感化と、時あたかも英国から入って来たマザーグースなどが竹久夢二や北原白秋などによって翻訳され始めた影響からではなかったろうか。さらに背中を押したのは小川未明の童話集『赤い船』（京文社、明治四十三年十二月）だったともいわれる。また晶子は外国語の翻訳はしなかったが、古典の現代語訳はお手のものだったから、児童文学の明治期の終焉から（つまりお伽噺の終焉から）新しい児童の文学への挑戦をはじめたのではなかったか。何より大事なのは、世間がまだ後期自然主義のブームのまっただ中にこのような仕事に頭を浸そうとしたその柔軟さでなかったろうか。大正年間からめざめたように広がる児童文学を見すえたような晶子の先見性は大変重要だと思われるのだ。大正三年（一九一四）二月には童話集『八つの夜』（実業之日本社）

を『愛子叢書《あいしそうしょ》』の一冊として出されたのも晶子の実績の一つである。この晶子の『さくら草』（『少女の友』、明治四十四年）ではお嬢様の千枝子の物語だ。千枝子はお父様、お母様の三人で暮らしていたが、重病を患った後京都の叔母様を尋ねる。書かれてはいないが千枝子が実は叔母さんの子どもではないかというのがこの物語の伏線だ。秘密っぽい裏のあるところがこの話の味噌だ。晶子の作品では主人公の少女は薄幸だ。

尾島菊子の場合

同じ時代に活躍した女流作家の尾島（小寺）菊子はどうだろうか。明治三十九年、二十八歳のとき『少女界』に作品を載せた。この作品は酒癖の悪い父のために苦労する母をいたわる少女のいじらしさに、とうとう父も改心して家庭も平和になるといった陳腐な内容（「御殿桜」金港堂、明治四十二年五月）だったが当時の少女たちにうけたのである。

さらに継母に虐められてもそれに屈しない少女の辛抱強さと継母への敬意を払い続ける無償の愛の結果、とうとう継母も少女の愛情を理解し家族がハッピーになる話（「なさぬ仲」（『少女の友』、明治四十四年四―九月））。およそ昔話の逆を行く奇想天外な話がおおいにうけたのであった。系列としては、苦労話系と羨望系の二系列がある。前者については献身と改心の物語だ。前に述べた話のほか、「初奉公」（『少女界』、明治四十一年三月）がある。十二歳の加代子は田舎から出て来て都会の富裕層の家に住み込んでいる。その家のお嬢さんの勝江さんにいじめられるが、その母親が加代子の境遇に勝江が同情するようにしむけて優しくなったという話だ。

後者については田舎から都会の女学校に行こうとする友人を真似て家出までするという話で「綾子」（『少女画報』、大正三年一―七月）などがそれに当たる。その他、「姉と弟」（『少女界』、明治四十一年六月）や「都の夢」（『少女界』、同年十月）、「ちいさな悶」（『少女の友』、明治四十四年三月）などがある。このような作品列は現在ほとんど読まれていない。その理由はなんだろうか。理由の一つに姑のいじわるはそう簡単には直らないということを読者が知ってしまったこと、つまり改心を要するような偉大な愛を信じられなくなった時代とも読める。それに少女の下女奉公や子守り、家事手伝いといったような現実がなくなってしまった時点で読者の理解不能ということも言えるだろう。

野上弥生子の場合

野上弥生子（明治十八＝一八八五生）も同世代作家として一般小説を書く合間に児童文学作品を書いている。彼女の少女小説には四つのパターンがある。まず明治四十四年頃から大正五年にかけて可愛そうな、身よりのない少女の話をよく書いた。例えば「桃咲く郷」（『少女の友』、明治四十四年）では、十三歳のお新は田舎の豆腐屋の店先に捨て子にされた少女だった。朝は真っ暗いうちに起こされ手伝わされ、それが終わると赤ん坊を背負って子守の日々。その赤ん坊の名は銀坊。銀坊はお新が大好き。ある日、あまりのつらさに銀坊を連れてこの村を出て行く。そして、とある理想郷、大和村という村で優しい娘たちや親切な爺さん婆さんにご馳走になりうつらうつらしていると、突然豆腐屋に起こされいままでのことがすべて夢だったことを知る。これらの類話には「菊子の話」（『少女画報』、大正元年）や「雛子」（『少女画報』、大正五年）などがあった。

二つ目には『赤い鳥』に書いた説話・頓智話系があり、大正八年から昭和十一年にかけてのことである。例えば「一本足の鶴」（『赤い鳥』、大正八年）の話はこうだ。殿様の屋敷の料理番は大層頓智があった。王様から鶴を使ったご馳走をつくれとの命令が出た。料理ができる頃、園丁のところの娘が鶴の足を一本くれと言われて上げてしまう。でき上がった料理を見て怒った王様は鶴には二本の足があることを示すために狩り場に料理番を連れて行った。一本足で立っていた鶴にゆみの音を聞かせると鶴はもう一本の足を見せた。王様がそれみろと料理番を見ると彼は昨夜も弓矢の音を聞かせたら鶴ももう一本の足を出したでしょうと言って王様を笑わせた。これはジョバンニ・ボッカチオの「デカメロン」の中のコントの一つだともことわっている。

これらの類話としては、「兄弟の百姓」(『赤い鳥』、大正八年)や「人間はどれだけの土地がいるか」(『婦人公論』、昭和十一年)などがある。

三つ目に大正十年から十一年にかけて書いた本格童話と呼ばれるものがある。例えば「ある泥坊の話」(『東京朝日新聞』、大正十年)を紹介しよう。

泥坊一家の中の一人の若い泥坊は知恵も勇気も魔力もあり、強く、美しい顔を持っていた。取れないものがない、そんな泥坊だった。あるときお金もちのお城のような家の、その中に一つの塔があって、そこを覗いた泥坊は真っ青な顔で立ちすくんだ。そこには鏡の前で燭台を持って立つ美しい娘がいたのだ。娘は最初にここに現れた若い男の妻になることを心に決めていた。この男が泥坊その人だった。この少女に心を奪われたそのときから今まで奪ったすべての宝を貧しい人々に与え、森に帰って来る途中でもすべてのものを与えてしまった。そうこうするうちに少女は大理石の女神と変わり、後を追って泥坊も石となった。それから何年かして森を開拓した金持ちが森の土の中に、手を取り合って微笑する男女の大理石の彫像を掘り当て博物館に寄付したという。

きわめて幻想的な物語だ。つくりとしても翻訳ものにありそうな少女たちの心をくすぐるロマンチックな構造となっている。類話としては「神様と巨人」(『女性日本人』、大正十一年)などがある。

四つ目は伝記物だが昭和九年から十一年にかけて執筆したものが多い。例えば「花のゑのぐ」（『婦人之友』、昭和九年）はこうだ。

原題「カドアの少年」。イタリアのとある町カドアに住むティチアーノ少年と姉のカタリーナ。この少年、いつかはヴェネチアに行って画の先生について画家になりたいという意思を持っていた。あるとき、丘の上の石の家で周りに咲いている生花の色を使って画を書きたいというティチアーノの願い通り、カタリーナの摘んだ花で見事な聖母とキリストの画を描いた。それこそ後の天才画家ティチアーノの出発点だった。

このほか、ショパンの伝記「金時計」（『婦人之友』、昭和九年）、モーツァルトの伝記「竪琴の一曲」（『婦人之友』、昭和九年）などがある。

●おわりに

上述のように少女たちが世の中に出て活躍するようになったことと、少女向けの雑誌の登場はおおいに関連があるだろう。それは国の政策によって展開した女子工場労働とサラリーウーマンの誕生とも関係あるだろう。それと家庭での婦人の位置の変遷。つまり、結婚した女性の仕事が炊事、洗濯などの家事や育児労働については、はじめはその部分を都会や田舎出身の少女たちや婦人たちに任されていたのが女性たちのそれらの家庭からの脱出によって残された家庭の婦人は本当の意味での「主婦」として誕生したのだ。このような背景のもとで雑誌に掲載される女子児童文学は、国の指導に従う教訓的なもの、家庭や外でで働く少女たちの苦悩を描くもの、都会に羨望を抱く少女たちの話、説話系のもの、アンデルセンやグリムからの翻案もの、継母などの昔話系のもの、伝記もの系、本格物語的なもの、などで溢れていた。こういった偶然と必然の中で児童文学の少女ものの初期的展開をここに見通すことができるだろう。

現在における植民地記憶の再現とその可能性

――陳玉慧『海神家族』と津島佑子『あまりに野蛮な』が描く一九三〇年代の植民地台湾

呉　佩珍

はじめに

終戦以後、すでに六十年余り経過したいま、かつてタブー視されてきた植民地研究は少し行われてきたが、ナショナル・ヒストリーの視点から植民者と植民された者との関係を検証してきたものが多い。だが、ナショナル・ヒストリーの視点以外、宗主国と植民地関係を見る可能性があるのであろうか。『海神家族』（二〇〇四年）と『あまりに野蛮な』（二〇〇六年九月―二〇〇八年五月）はフィクションというジャンルから「植民地台湾」の記憶を描き、植民地期における日台関係の新たな可能性を示唆するものと思われる。

本稿では現在という時間においてそれぞれの小説は植民地台湾の記憶をめぐって、いかに共有し、いかに断裂しているのか。台湾人女性作家陳玉慧(1)の『海神家族』（二〇〇四年）と日本人女性作家津島佑子(2)の『あまりに野蛮な』（二〇〇七年）を軸として、同じく女性作家の視点から一九三〇年代の植民地台湾を語る意味、そしてフィクションを通して植民地記憶の再構築の作業をなぜ現在行うのか、という問題を試論する。

植民地記憶がいかに編成されるのかを考える際に、なぜ同じく一九三〇年代を語ることを選択するのか。

植民地台湾の記憶を構築する際に、一九三〇年代は、いったいどのような指標性を持っているのか。以上の問題点について、この二つの小説を通して一九三〇年代の「記憶再編成」の言説構築を対照すれば、浮き彫りにされると思われる。

●ナショナル・ヒストリーから女性個人史の視点へ●●●

かつて鹿野政直は民衆史の特徴について、次のように指摘した。「歴史研究（戦後歴史学）のゆきつく先は、主体としての「民衆」像の提示であった。（中略）歴史の原動力としての民衆が具体的にどういう役割をそれぞれの局面で演じてきたか、それぞれの歴史現象は民衆にとってどんな意味を持ったかがあらためてさぐられることとなった。そのことは第一に、英雄あるいは征服者・支配者を主要な要素として見る歴史観からの回転を意味し、第二におよそ歴史における被抑圧者層、具体的には被差別層あるいは女性、あらたに被抑圧民族つまり植民地の人々及び植民地出身の人々の立場からの歴史像の樹立を触発し（中略）一九六〇年代を通じて、いわゆる民衆史研究が歴史学界の前面に出てきた」[3]。本論で取り上げた日本と台湾で一九三〇年代「植民地台湾」を題材にする『海神家族』と『あまりに野蛮な』という小説はまさに鹿野が指摘したように、「民衆」、特に「女性」の立場から、植民地史を改めて凝視するものといえよう。また、従来のナショナル・ヒストリーの観点とは異なる、個人史的、特に女性の観点から植民地台湾を描くのは、陳玉慧『海神家族』（印刻文学、二〇〇四年）が最も評価される理由の一つだと思われる。この作品は二〇〇七年台湾文学奨を受賞した際、作者自身次のように受賞感想を述べた。「この作品を完成したことによって、自分が国家の運命とそんなに似通うなんてとはじめて意識し、かつてのアイデンティティ・クライスが消えていた。またよくどこの人間なのと聞かれるが、いまはもう〔その答えには〕迷いがなくなった」[4]。この受賞感想は植民地化されてきた台湾の近代には、複数の外来政権がもたらした多様的かつ複雑な様相を浮き彫りにしている。また『海神家族』は女性がこのような複雑な様相を凝視するような構造を持つ作品でもある。

国民国家という枠組みの中で、ナショナル・アイデンティティを規定する際、「言語」と「エスニック・アイデンティティ」が常にそれを判断する基準として見られるが、しかし次から次への外来政権の支配に置かれてきた台湾という土地には、多言語と多民族という混合性（hybridity）が不可避的となり、同時にまた存在しているものである。そのため、国民国家の枠組みの中で植民地台湾について語るときに、かえって台湾のこのような特徴が不可視になってしまうおそれがある。

このようなジレンマを、陳芳明の『海神家族』に対する論評が最も端的に示しているといえよう。「過去において、台湾史／中国史は公的なもので、男性的で、単一的な帝王、忠臣、英雄そして烈士というものである。われわれが受けてきた教育は、実際にある権力を通してわれわれの記憶をコントロールし、それを介して歴史を構築する権力と解釈する権力を奪取するためのものである。そのため、女性は描く行為が始まると、それはすでに歴史の書き直し行為に等しい。陳はかつて自らアイデンティティの位置づけには困惑していた。自分は中国人？　台湾人？　中華民国？　フォルモッサ？　歴史を描くことを介して、自分が台湾に属しているということは、現在明らかになった。そのため、従来の書き方（＝家父長中心な書き方）をひっくり返し、わざと母親を主体として歴史を描いた」[5]。『海神家族』の物語は、実際に沖縄から台湾に渡る女性であり、ナレーターの母方の祖母に当たる三和綾子という女性から始まる。一九三〇年代から二〇〇〇年にかけて、外来政権の行ったり来たりしている台湾の時空間の中で、三和綾子という女性の運命は、あたかももう一つの台湾の近代史のようである。つまり、台湾の近代史はある女性の生涯に凝縮されてしまえば、まったく違っているものが見えてくると思う。

それに対して、植民地台湾への記憶を、植民者側から語ろうとすれば、おそらく植民された側とはまったく相反し対立しがちのようなものだと容易に想像がつく。だが、女性の観点からすれば、三〇年代の植民地記憶を、意外と共有することが可能である。

「近代の学知としての歴史は過去、現在、未来という、ゆるぎない時間の単線的な系列によって成り立ってきました。分析の対象となる過去が現在、未来からきちんと切断されている、という安心からこそ、制度化された歴史学も安定している」(6)というのは、おそらく近代のナショナル・ヒストリーに適用する概念といえよう。そのため、そのような枠組みにおいて台湾の植民地歴史を回顧して見れば、おそらく帝国と植民地の立場は二項対立的な構図としてしか浮かんでこない。だが、「抑圧されたものへのジェスチャーを示している」(7)という意味を持つ「記憶」が語り出すと、おそらく国民国家の「歴史」を揺さぶり、あやふやにさせることになってしまう。さらにその動揺に従って大文字の「歴史」に対する批判性も生じてしまうのである。(8)

二〇〇六年九月から「群像」で連載されはじめた津島佑子『あまりにも野蛮な』という一九三〇年代の植民地台湾と二〇〇五年現在の台湾を背景にする小説は、上記の『海神家族』と同じように、女性の観点から植民地台湾の記憶を語り、構築するものである。『海神家族』の三和綾子と同じように、ヒロインのミーチャ（美世）は結婚のために台湾に渡ってきた。この日本人女性がかつて居住していた植民地期の台北という街を、姪のリーリー（茉利子）がおばミーチャの日記と手紙を読んでいるうちに、おばの生活を追体験しながら、想像していた。また、おばミーチャが残した日記や手紙に描写している台北での生活や町風景を確認する気持ちがある一方、自分の目の前の生活を再確認するため二〇〇五年台湾を訪問するようになった。六十余年前、おばが歩いた町や生活風景を、現在の台北の街頭を歩き、想像しながら、植民地記憶を織り成した。ミーチャがかつて見ていた植民地の人々と風景は、植民地支配者ないし夫の小泉明彦の目には映らなかったものばかりといえよう。乳母、お手伝いさん、行商人、伝統市場、台湾の果物と野菜等々は、植民地台湾としてごく普通の日本人女性の日常生活に凝縮されてゆく。

『海神家族』と『あまりに野蛮な』とともに女性観点から描き、そして示している植民地台湾という記憶には類似性が多いことは、やはり現在という時間を共有しながら、「日本帝国」と「植民地台湾」におけるかつての女性の生活を想像し、一つの「想像の共同体」のうえに植民地台湾の記憶を再構築したからではないであろうか。

●植民地台湾へ共有する記憶――それぞれの「霧社事件」●

『海神家族』の梗概は、次のようである。

語り手は、長い間、海外を放浪し、そしてドイツから故郷の台湾に戻って、自分の家族史を回顧する形で、この大河小説を展開させる。彼女の家族史は台湾近代史の縮図でもある。物語は、沖縄の久米島出身である母方の祖母三和綾子が台湾に渡ってくる経緯から始まる。一九三一年に三和綾子が台湾に渡って警察官を勤めているフィアンセ吉野に頼ろうとするが、彼はすでに「霧社事件」で蜂起した原住民によって殺害され殉職していた。三和綾子は台湾の郵便局でマラリアにかかり倒れて、そこで台湾青年の林正男に救助され、一九三二年に林と結婚するために台湾に渡って、その後五十年間二度と沖縄の故郷の土に足を踏み入れなかった。一九四五年日本は敗戦となって、二二八事件が起こり、パイロットの夢を捨てがたくてそのため南洋に出征して帰ってきた夫の林正男が、白色テロに巻き込まれ行方不明になってしまった。一方長女の静子は、内戦で共産党に敗れた蒋介石政権に従って中国大陸から渡ってきた軍人二馬と駆け落ちし最後に結婚した。語り手は二人の間に次女として生まれた。だが、二馬はあまりにも放蕩し、妻子を顧みなかった。それが原因で語り手は幼い頃から反抗的で両親と馬が合わなかった。最終的に、語り手のドイツ人の夫が尽力したため、静子と長い間不和だった異父の妹・心如と和解し、語り手もドイツ人の夫との結婚のきっかけで両親と和解した。

他方『あまりに野蛮な』の大筋は次のようなものである。作品の時代は二〇〇五年と一九三〇年代前半という設定となっている。また、物語は、二〇〇五年と一九三〇年二部に分かれており、それぞれ二〇〇五年の女主人公リーリー（茉莉子）と一九三〇年代の女主人公ミーチャ（美世）によって展開されている。二〇〇五年の夏にリーリーが、一九三一年以後四年間台北に住んでいた母の姉、ミーチャの足跡をたどるため、台湾にやってきて、台湾に滞在した二十日間を中心に物語は展開されている。リーリーはすでに亡くなった母に、かつて植民地台湾で生活を送っていたおばミーチャに似ているといわれ続けてきたが、そのおばがかつて生活していた台湾を訪ね、そのおばがいた一九三〇年代の植民地台湾の記憶を織り成しながら、自分の過去の記憶と交錯していく。リーリーはミーチャが残した夫への恋文や日記を読みながら、ミーチャの植民地生活の記憶を想像し、再建しようとしていた。ミーチャが植民地台湾にやってきたのは一九三一年だった。かつて親の決めた結婚に失敗したミーチャは、東京の女学校に通うときにフランス社会学を専門している小泉明彦と恋に落ち、彼の母親の猛反対を押し切って結婚し、台北高等学校にフランス教師を担当している彼のところにやってきた。一九三一年にミーチャの恋愛は成就し、夫と台北での結婚生活が始まるが、ミーチャの子どもが死亡し、その影が二人の間にさし、ミーチャにつきまとう。その後、ミーチャは「霧社事件」の夢を常に見るようになった。閉鎖的な日本人共同体に閉じ込められて、多忙な夫からもかまってもらえず、とうとう妄想状態を起こし、おかしくなった。このような極悪な精神状態がもとで、台北市内の各地で万引き行為を繰り返し、最後に内地へ返され、マラリアでふるさとの韮崎で亡くなった。

『海神家族』と『あまりに野蛮な』は、一九三〇年に「植民地台湾」において起こった「霧社事件」を重要な出来事として、それぞれ構築していた。三和綾子が「植民地台湾」に関わり始めたのは、婚約者吉野と結婚するために台湾に渡ってきてからだが、しかし迎えてくれたのはすでに首を狩られた吉野の冷たい屍骸である。『あまりに野蛮な』の中で、「霧社事件」がミーチャが渡台の直前に起き、作中には何度も異なる形で登場し、ミーチャ、そしてリーリーの記憶につきまとい、「植民地台湾」の記憶として重要なイコンとなる。『海神家族』において、ナレーターの母方の祖母、三和綾子は一九三〇年に基隆港に到着し、初めて台湾の土地に足を踏み入れた。旅の目的は、霧社のマリバ社で警察官として勤めているフィアンセ吉野を訪ねるためだ。吉野はいくつかの手紙でこのように台湾を述べている。「毒蛇だらけの土地で、人々の顔には刺青があり、狩猟で生計を立て、時々首狩りして神霊を祭る(9)」と。なかなか現れない吉野は、結局三日前に原住民の襲撃ですでに殺害され、首がなくなった死体となっている。彼女は何日かかかって、やっと霧社にたどり着いた。そして、首のない死体を確認したとき、あまりに衝撃を受けて何日か声を失ってしまった。だが、ただ一度しか会ったことのない男性を首のない状態のまま確認することは、彼女にとってきわめて困難であった。霧社の周辺には、日本警察や軍隊が鎮圧を行い続けていて、飛行機の爆撃音の中で彼女は断続的な銃声を聞いた。おそらく蜂起した原住民はまだ反抗を試みようとしていたのだと、彼女は思った。吉野の宿舎のベッドの上で吉野との記憶を必死にたどろうとしていて、一回しか会ったことのない吉野との間には、実はあまり思い出がなかったと気づいた。そして一晩寝付けなかった。また、叔父の家から出て吉野を頼りにきたのに、もはや行く場所がなくなってしまった。あまりの絶望に、「もし、高砂族が首狩りをまだしようとしたら、自分を殺してほしい。ただいま、すぐ自分の首を切ってほしい(10)」と三和綾子は考えた。このような状態に置かれて「独立の大人になるように迫られた」。

当時この日本内地と台湾本島を震撼させた「霧社事件」は、三和綾子という沖縄出身の女性の人生を変え、彼女の後半生をこの島で送らせ、この島に起こった次から次への政権交代を目撃し、運命を共にした、大きな転機である。最も大きな影響は自分の頼りである婚約者を失うこと。そして自分の後半生の運命は台湾島とともにあること。日本植民地期の台湾で起こった最後のこの武力抗日事件が、偶然にある女性の人生と交錯し、結局それはある家族史の始まりとなり、ある女性の新たな人生となるという結果になった。従来のナショナル・ヒストリー史観から見れば、この事件は統治側と統治された側との関係には亀裂が生じ、断絶状態に追い込む危機にさらされたものの、三和綾子からすれば、台湾と関わりあって沖縄から台湾へ渡り、この土地に根を下ろし、広がっていく新生の契機となる。

『あまりに野蛮な』において「霧社事件」の描写は同じく大きな比重を占め、この事件がヒロインのミーチャとリーリーの「植民地台湾」の記憶を織り成すのは、最も重要な出来事である。一九三一年の夏にミーチャが台湾に渡る。その前年十月に「霧社事件」が起こり、彼女が内地に出回っていた、「蕃人」の文明化を考えなくてもいいなどのような露骨なニュースを目のあたりにしながら、上のすでに大学生になった弟と女学生でもうすぐ女教師になる妹は、この事件によって父母や夫を失った人々への同情を寄せる。と同時に、上の弟は「『順う者は之を撫り、逆らう者は之を滅ぼす』だよ。そもそも『未開人』を自分たちと同じ人間だなんて、だれも思っちゃいない。だから、彼らに日本人たちが殺されたりしたら、サルが人間を殺したという感じで、何がなんでも許せなくなるんだ。昔のアイヌのコシャマインのランとか、あれと今の事件とはそっくりな背景があるんじゃないか[11]」と、憤慨した。日本の近代化過程において周縁の少数民族を啓蒙するという名のもとに、行われてきた暴力を正当化するのを批判していると捉えられる。

さらに蜂起を鎮圧したのち、生き残りの人々を強制移住させ、きびしい環境の中で病死したり、自殺したりする人が絶えなかったと、ミーチャは夫の明彦から聞いた話を弟妹に伝え、次のような感想を漏らした。「生き残った人たちは女性どもばかりで、つまり、男たちの反乱には加わっていなかったんだから、強制移住までさせなくてもよさそうなものなのにね[12]」と、生き残りの女性への同情の視線が見てとれる。また事件を、いままでと異なる女性側の観点から見るのである。のちにこのような視点は「霧社事件」にふれるときに一貫しているものでもある。

台湾に渡る蓬莱丸の中で、「霧社事件」がミーチャの頭から離れず、モーナ・ルーダオがいまだに見つからないことが気になりながら、「日本人にとってこのモーナ・ルーダオの存在は、ときが経つとともに、絶滅したニホンオオカミに寄せる思いに似た、『未開の世界』に対するなにかしらの期待とおそれに変わりつつあった」とミーチャは考えていた。そして自分の考えをもう一回確認し、「日本人ってだれのこと？つまりは、あたしだけの話なのかもしれない。あたしと上の弟妹とのあいだだけの話[13]」と反応した。自らの「霧社事件」に対する見方は、おそらく日本人という「民族」の枠組みに自分が納まらないではないかということに気づいた。また、ミーチャが船酔いの苦しさの中で、内地の新聞で大きく取り上げる、「自殺」した「忠義心のある蕃人」二人[14]を想起しながら、死に臨むとき台湾原住民の慣わしとして歌う「死出の歌」が耳に入ってきて、「ララ（＝楓樹）」の下に首吊りして死んでいた死体の影が見えるようになった。

「霧社事件」はミーチャにとって「植民地台湾」への記憶を構築するには最も重要な「出来事」であり、そこの山に生きる、日本植民地者によって統治され、ないし圧迫されてきた人々の遭遇を絶えず想像していて構築したものであろう。やっと台湾の山々が見えてくるところ、船酔いで無気力になったミーチャが船の中で流れている南国台湾への憧憬と想像を膨らませる「蓬莱小唄」を聴きながら、「ぼんやりしてた頭には、その歌声に重ねて、『死出の歌』がとぎれとぎれにひびきはじめた[15]」。ミーチャの「植民地台湾」の最初の記憶は、植民地者の新天地への憧憬より、「霧社事件」において死に追い込まれた山の人々が歌う「死出の歌」によって綯い混ぜられる。

『海神家族』にせよ『あまりに野蛮な』にせよ、「霧社事件」を、従来のナショナル・ヒストリーの視点より、それぞれ日本人と沖縄人女性がどのように見つめていたかという構図をそれぞれ提示している。『海神家族』の三和綾子にとって、「霧社事件」は自分の運命を開いてゆき、今まで見知らぬ台湾の近代史とともに歩み始める象徴となるが、『あまりに野蛮な』のミーチャにとっては、台湾という土地での結婚生活に影をさし、挫折に会うたびに亡霊のように夢の中に現れ、「植民地台湾」の日本人共同体（＝家庭）に抑圧されている自分の分身という象徴となる。

純粋さとハイブリディティとの間――「アイデンティティ」と「言葉」のゆらぎ

『海神家族』と『あまりに野蛮な』における共通している特徴は、それぞれのヒロインは「ナショナル・アイデンティティ」と「国語（＝日本語）」への純粋な疑問、ないしこだわりのなさにあると思われる。

三和綾子が基隆港に降りて、「内地人ですか？　どこから来た？　出迎える人がいるか？」と、波止場で秩序を維持している警察に聞かれたとき、すぐうなずいた。「内地人か？」と再びと聞かれると、「沖縄」と答えた。「彼女は『沖縄』が内地かどうかは確定できない」[16]。つまり、三和綾子にとって「沖縄」の位置づけが帝国の「核心」か「周縁」かということは漠然としていて、自分の「ナショナリティ」には不確定さという感覚を抱いていた。マラリアにかかってのちに夫になった林正男に助けられ、彼から「内地人の生活状況」について聞かれると、「常に私は沖縄人だ」と答えた。[17] 二度目に台湾に渡ってきたのは、林正男と結婚するためである。その後五十年ぶりに沖縄に戻り、両親と弟の墓参り、そして天后宮へ媽祖を参る以外、三和綾子は、何もしなかった。両親を亡くしたのち、叔父のうちに居候してきた三和綾子にとって、台湾という土地は自分の将来の道を開いてくれると信じていた。「綾子は異邦人の家族がとても好きで、おばのうちよりずっといい。夫が自分にやさしく接して、いつもそれにあまりにも感動し涙を流していた。（中略）彼のおしゃべりが好きで、彼が日本語を話すと、まるで子供のようである。語彙は優雅すぎるか、乱暴すぎるかのどっちかになるが、でも彼女は彼と知り合ったあの日から、彼のことをすべて分かっている」[18]。敗戦後、日本人が去っていって国民党政府が渡ってきたが、蒋介石と渡台した軍隊さんを父として持つナレーターである、三和綾子の孫娘は「めったに彼女と口を聞かない。自分が日本語と台湾語が出来ないし、彼女は中国語が出来ない」[19]と述べていた。また、義理の弟、林秩男が自分の台湾人としてのアイデンティティに誇りを持っていると見ると、「〔彼が〕自分〔三和〕を日本人として見ないことに対してとても慰めになる。またそのため、自分が時には日本人ではないかもしれないと思ったりする。自分が沖縄人だ。沖縄人は日本人でもなく中国人でもない」[20]、と三和綾子は考え始めた。

近代における植民地台湾の「ナショナリティ」や「言葉」の曖昧さと混合性（hybridity）は三和綾子の身の上に見られる。沖縄が内地であるかどうか、そして純粋な日本語が絶対的な存在であるかどうかという問題[21]には絶対的な答えがでないということは、三和綾子をはじめ、『海神家族』のほかの、台湾島にやってきた人物の描写を通して、明らかになる。また、近代国家の枠組みにおいて構築された「ナショナル・アイデンティティ」と「国語」とは『海神家族』には不可視な存在になってしまった。それは、ナショナル・ヒストリーからではなく、帝国の周縁に位置される台湾や沖縄と同じように周縁化されている女性の観点より、描写したからこそ可能だといえよう。

『あまりに野蛮な』の中で、冒頭にはミーチャが実は「悪女」というイメージを暗示しているような描写が見られる。[22] 日記の中で自分は実際にかつて「股の奥に鰐のような白い歯が生えていて、何人かの男を殺してきた」という「悪女」の事実をほのめかした。[23] 女性が「未開的」なイメージとしてとらわれるのは、ミーチャが夫の小泉明彦からいわれて、初めて気づいた場面が多く見られるのである。

小泉は東京帝国大学卒の社会学者の卵で台北高等学校でフランス語を教えながら、近いうちにフランスに再び留学することを計画していた。この植民者のエリートが人、事、物を測る「ものさし」は、「文明」の基準というものである。ミーチャの「日記」からわかるように、「文明」の「ものさし」から外れたものは「野蛮さ」そのものだと小泉は主張している。ミーチャの兄弟とミーチャとがじゃれあうことを「動物的に興奮して攻撃的になる」と表現し、「皆未開の蛮人みたい」[24] というようにミーチャの家族を批判した。そしてミーチャのことを「骨太」「粗野」「女はもっと慎み深くなくちゃ」[25] と批判したりしていた。さらに明彦が来客と「霧社事件」について話したときに原住民と女性が「未開」というイメージを共有しているような発言をしていた。「女には、蛮勇ってものがあるからね。女の蛮勇に、男はかなわない。だけど蛮勇だけでは、文明に結局、太刀打ちできない」[26]、と。作中、「霧社事件」を繰り返し登場させ、ミーチャはモーナ・ルーダオが自分の父親になったという夢を見たり、そして二〇〇五年に入って、ミーチャの記憶に一所懸命たどろうとするリーリーは、ミーチャが原住民女性に変わり、そして明彦が「首狩り」する原住民男性になった夢も見ていた。これらの描写は、そのジェンダー・ヒエラルキーの上下秩序の顕現だけでなく、男性中心の文明という「ものさし」へ疑問視している暗示ともいえる。

この延長線上には、言葉のヒエラルキーも「男性中心」の「ものさし」の基準でその優・劣、上・下関係を規定する。例えば、夜の営みには「台湾語を使われるとその気になれなくなるから、やめてよ」といったり、パリーには「台湾語なんて何の役にも立たない」[27] と主張する夫に対して、ミーチャは「フランス語よりも、毎日どこかから耳に入ってくる台湾語に、ミーチャは親しみを感じずにいられなかった[28]」と、日常の生活感覚で言葉の優先順位を捉えている。

『あまりに野蛮な』という小説には、近代日本の国民国家が「文明」という名を借りて、「文明」という枠組みから外れたものを排除するという構図を示している。「良妻賢母」の枠組みから外れているミーチャも、そして「霧社事件」を起こした原住民のことも、その「ものさし」の枠外の余計物で「あまりに野蛮な」ものとしてとらわれている。

おわりに

テッサ・モーリス・スズキはかつて歴史小説と「正しい」歴史との間の関係は、「小説に出てくる出来事や人物のリアリティの問題として論じられることが多い」と指摘した。しかし次のような問題も考察しなければならないと主張している。「どうしてこの小説家はこの出来事について書きたかったのか？　どうして読者は読みたいのか？　わたしたちが読んでいる小説にどのような風景が不在か？　小説の中で出遭う過去の風景は、歴史の特定の部分との一体化やその解釈にどのような影響を与えたのか？[29]」この一連の質問は、『海神家族』と『あまりに野蛮な』にも適用するものだと思う。

従来まで文学作品で扱う「植民地台湾」は、男性中心的なナショナル・ヒストリーなパースペクティヴで描いてきたものが多いが、『海神家族』と『あまりに野蛮な』は、「霧社事件」を介して、ある沖縄人女性とある日本人女性の人生がいかにこの島と関わっていくのかを描いていた。ごく普通の女性の人生と恋愛関係から反映された「植民地台湾」というイメージである。むろん、「霧社事件」は、『海神家族』の三和綾子にとって台湾近代史とともにその一部として展開させる契機となったが、『あまりに野蛮な』のミーチャにとっては近代国民国家と共犯関係を持つ「文明化」のもとに自分と同じように抑圧、ないし抹消される象徴となるのである。そこには「霧社事件」、そして「植民地台湾」の記憶がそれぞれの女性と台湾との関わり方によって再編成されていくものとなる。

二十一世紀の現在、台湾と日本の植民地期の過去を、台湾でも日本でも偶然ともいえるようにそれぞれの女性作家が同時に女性観点から描くようになった。日本と台湾がどのような植民地記憶が共有できるのかを、ナショナル・ヒストリー、ないし男性の観点と異なる一側面から示している。津島佑子は現在というグローバリゼーションの時代を生き、そしてアジア各国の「アジア女性の連帯」が可能になってきたということをかつてこのように述べた。「女作家っていうのは、逆にもっと大きなところで役目を担っている」。「表向きの政治の年表なんかには絶対に現われない部分は、むしろ女の作家が、それを見抜いていく、近寄っていく、そして作品の形で書きとめていく[30]」。植民地台湾の記憶を再構築していく際、三〇年代の植民地台湾において当時日本と台湾を最も震撼させた「霧社事件」を女性の目から捉えなおしたとき、いままで日本と台湾が持っていたそれぞれ異なる「台湾植民地像」は、実際にオーバーラップしているではないかという可能性が浮上してきた。

注

（1）陳玉慧は台湾生まれ、現在ドイツに在住している。中国語で文筆活動していると同時に、ドイツでも作品を発表している。小説、エッセイ、戯曲など多様なジャンルにわたって創作に携わっている。代表作には『徵婚啓事』などがある。本論で取り上げた『海神家族』は二〇〇七年台湾文学賞を受賞した。また、『海神家族』の日本語訳『女神の島』（訳者、白水紀子）が二〇一一年一二月に人文書院によって出版された。

（2）津島佑子は一九四七年生まれ、作家太宰治の次女でもある。一九七六年「葎の母」で田村俊子賞を受賞。その後多数文学賞を受賞してきた。近作には『ナラ・レポート』（二〇〇七年、紫式部文学賞受賞）、韓国女性作家金京淑との往来書簡集『山のある家、井戸のある家』（二〇〇七年）などがある。自筆年譜（一九七七年まで）は『竹西寛子、高橋たか子、富岡多恵子、津島佑子集』（筑摩書房、一九八〇年）を参照。『あまりに野蛮な』の中国語訳本は二〇一一年二月に台湾の印刻出版によって出版された。本論文の筆者はその翻訳者でもある。津島佑子著、呉佩珍訳『太過野蛮的』（印刻文学、二〇一一年二月）を参照。

（3）鹿野政直「国民の歴史意識・歴史像と歴史学」（一九七七年）。ひろたまさき「パンドラの箱—民衆史創始研究の課題」から引用。酒井直樹編『ナショナル・ヒストリーを学び捨てる』（東京大学出版会、二〇〇六年十一月）一五、一六頁。

（4）「海神家族獲台湾文学奨」『中国時報』二〇〇七年十二月十七日（http：//blog.udn.com/jadechen123/1461079）

（5）陳芳明「重新為台湾命名：陳玉慧的『海神家族』」（http://www.jysls.com/tread-203862-1-1.html）

（6）富山一郎編『記憶が語りはじめる』（東京大学出版会、二〇〇六年）、二二九頁。

（7）同前掲書。

（8）ここにおける「記憶」と「歴史」両者の関係及び差異が生じる構造については、前掲書において掲載された「座談会」の中での岩崎稔による発言である。二二八—二二九頁。

（9）陳玉慧『海神家族』（印刻文学、二〇〇四年）、二六頁。

（10）ここで台湾原住民を指す言葉を「高砂族」と使ったが、この言葉が普遍されたのはもう少し後になると思うが、ここでは、作品の表記のままにする。同前掲書、三〇頁。

（11）『あまりに野蛮な』（五）「群像」六二（一）（二〇〇七年一月）、三五八頁。

（12）同前掲書。

（13）同前掲書。

（14）作品の中で日本化されて日本名を名乗り、自殺した「二人の蕃人」は、具体的に名指しされていないが、花岡一郎と二郎のことを指すと思う。
(15)「あまりに野蛮な」(五)『群像』六二(一)(二〇〇七年一月)、三六二頁。
(16)陳玉慧『海神家族』(印刻文学、二〇〇四年)、二六頁。
(17)同前掲書、三一頁。
(18)同前掲書、三六頁。
(19)同前掲書、四二頁。
(20)同前掲書。
(21)植民地台湾において沖縄人の日本語が日本人の揶揄の対象になって差別を受けていたという指摘があった。星名宏修「『植民地は天国だった』のか—沖縄人の台湾体験」『複数の沖縄』(西成彦、原毅彦編、人文書院、二〇〇三年)を参照。
(22)「あまりに野蛮な」(一)『群像』六一(九)(二〇〇六年九月)、七—一二頁。
(23)「あまりに野蛮な」(一六)『群像』六二(一二)(二〇〇七年十二月)、二九一—二九七頁。
(24)「あまりに野蛮な」(六)『群像』六二(二)(二〇〇七年二月)、二九一—二九七頁。
(25)「あまりに野蛮な」(八)『群像』六二(四)(二〇〇七年四月)、二〇六—二〇七頁。
(26)同前掲書、二〇八頁。
(27)同前掲書、二一一頁。
(28)同前掲書。
(29)テッサ・モーリス・スズキ『過去は死なない—メディア・記憶・歴史』(岩波書店、二〇〇六年)、七七頁。
(30)津島佑子「アジア女性との連帯を求めて」『社会文学』第二七号(二〇〇八年二月)、二六—二七頁。

二十世紀の女性キリスト者、神谷美恵子と須賀敦子に見る思想とその表現方法

釘宮　明美

●序　思想とその表現における女性性●

思想における女性性というものがあるのだろうか。人文社会系の哲学・思想という分野において、第一級の本格的な女性哲学者・思想家が輩出されるのは二十世紀になってからと言ってよい。シルヴィ・クルティーヌ＝ドゥナミは、その著『暗い時代における女性』(1)の中で二つの世界大戦の渦中に生きた三人のユダヤ人女性哲学者・思想家、すなわちエディット・シュタイン（Edith Stein 一八九一―一九四二年）、シモーヌ・ヴェイユ（Simone Weil 一九〇九―四三年）、ハンナ・アーレント（Hannah Arendt 一九〇六―七五年）を取り上げている。時代の激流の中で民族性と宗教性の刻印された鮮烈な三人の女性の生涯を省みるとき、日本において同じ世紀を生きた二人の女性キリスト者、神谷美恵子（一九一四―七九年）と須賀敦子（一九二九―九八年）の生き様を連想させられる。神谷も須賀も早い時期からのヴェイユの愛読者であり、須賀はシュタインに対しても強い関心を抱いていた。彼女たちには、思想の構築の仕方とその表現方法という点において、男性にはないある特色が見られるのではないか。本稿では、神谷美恵子と須賀敦子を例にとり、かつ

シュタインとヴェイユの思想を導きの糸として、女性キリスト者としての実践と表現行為という側面に焦点をしぼって考察してみたい。

●神谷美恵子と須賀敦子に共通する自己形成の過程●

神谷（旧姓、前田）美恵子はハンセン病患者の精神医療に従事した精神科医であり、ロングセラーとなった名著『生きがいについて』（一九六六年）や『人間をみつめて』（一九七一年）、『こころの旅』（一九七四年）等(2)の著者である。英・独・仏・希語にわたる類まれな語学の才を持ち、専門分野を超えて文学・哲学関係の翻訳を残す(3)とともに、文学を自らにとって本質的で不可欠の要素と見なしていた。

他方、須賀敦子は日本文学のイタリアへの、またイタリア文学の日本への優れた紹介者・翻訳者から出発した。晩年の八年間に『ミラノ霧の風景』（一九九〇年）、『コルシア書店の仲間たち』（一九九二年）、『ヴェネツィアの宿』（一九九三年）、『トリエステの坂道』（一九九五年）、『ユルスナールの靴』（一九九六年）、『時のかけらたち』（一九九八年）に代表される自身のイタリア体験をもとにした秀逸な小説的エッセイを相次いで発表し(4)、高い評価と多くの読者を得た。二人とも狭義には作家・文学者とは言えないが、優れた語学力をもって文学による表現を重要な場とし、その著作は文壇やアカデミズムの枠を超えて広い裾野で静かに受容され続けている。単なる専門性を超えた教養の広さと深さという点においても、二人は同時代の著作家たちの中では出色の存在と言ってよい。

神谷も須賀もともに戦中・戦後の同時代を生きたが、互いに面識はない。にもかかわらず、二人はその自己形成の過程において多くの共通点を指摘できる。両者ともその時代としては選良の家庭に育ち、神谷の父、前田多門は戦後初の文部大臣を務めた内務官吏であり、須賀の生家は関西の実業家であった。ともに人格の核にキリスト教があり、神谷は内村鑑三門下の流れを汲む無教会主義（したがってプロテスタント）の環境で育まれ、一方、須賀は小学校から大学までカトリックのミッションスクール聖心女子学院に学び、在学中に十七歳でカトリックで受洗した。神谷は幼少期にスイスの国際学校でフランス語による教育を受けたが、[5]須賀はその思春期を修道会を母体とする高等専門学校と寄宿舎で、戦時中も信仰を守りぬいた修道女たちと寝食をともにし、英語による教育を受けた。

長じて二人とも大学（神谷は津田英学塾本科、須賀は新制の聖心女子大学）ではまず英文学を学んだが、戦中・戦後の時代に「女性としてまたキリスト者として、何をもってこの世で生きていくべきか」について真正面から問い、二十代のすべてを真摯な自己追求とそれゆえの模索のために長く費やした。神谷が、無教会の独立伝道師であった叔父の金沢常雄に連れられハンセン病患者の療養施設「多磨全生園」を訪れ、ハンセン病医療に携わることを希望するようになったのは、津田英学塾在学中の二十歳の頃である。しかし、その志は周囲の根強い偏見ゆえの猛反対に遭う上に、結核によって二度の療養生活を余儀なくされる。結婚して家庭に入るという当時の通常の女性とは異なる人生設計を考えなければならなくなった彼女は、自らの生き方を求めて古今の聖賢の書物を原書で貪るように読んだ。[6]他方、須賀もまた、修道院に入るか逡巡した末に進学した慶應の大学院では社会学を専攻したが、女性が「女らしさや人格を犠牲にしないで学問を続けていく」には、あるいは「結婚だけを目標にしないで社会で生きていく」にはどうすればよいのか、[7]毎日のように見えない未来を友人と語り合い、論じ合った。

その時代の女性としては異例の海外留学・海外生活を経験し、西欧の文学・思想を学ぶ中で、留学が転機となって自分自身の求める生き方に逢着したという点でも、二人は共通している。神谷の場合、一九三八年父親の仕事に伴って滞在したアメリカでクェーカー派のペンドル・ヒル学寮で生活し、コロンビア大学でギリシャ古典文学を学んだ後、「病人が呼んでいる」との言葉を残し、二十五歳で念願の医学修業を開始する。帰国後、東京女子医専に編入学し、医学か文学か、矛盾する自己の統一を求めて更なる模索を続けた挙句、精神医学を専門とするに至る。卒業後は東大精神科医局に入局し、内村祐之のもとで学び、戦火の東京に残って診療を行った。終戦直後には父親の文部大臣就任を契機に文部省とＧＨＱ関連の通訳、翻訳に携わり、また結婚後は、家事と育児の傍らで語学教師と翻訳により生物学者であった夫を経済的に支える日々が長く続く。そして一九五七年、四十三歳にしてようやく瀬戸内海に浮かぶハンセン病患者の療養施設、長島愛生園で精神医療に従事する機会が開かれ、その関わりは直接、間接に終生にわたって及ぶことになる。

一方、須賀の場合、一九五三年フランスに留学してパリ大学で比較文学を学ぶ傍ら、後に第二ヴァチカン公会議を準備することになるマリー・ドミニク・シェニュ（一八九五—一九九〇年）、イヴ・コンガール（一九〇四—九五年）[8]、ジャン・ダニエルー（一九〇五—七四年）、エマニュエル・ムーニェ（一九〇五—五〇年）といったフランスの新神学運動に触れる。いったん帰国後、一九五八年二十八歳で今度はローマに留学、そこでミラノのサン・カルロ教会脇にある「コルシア・デイ・セルヴィ書店」に集う人々と相知るようになる。フランス新神学のイタリア語への翻訳・出版から販売を行うだけでなく、現代社会の只中で生きた福音の言葉を語りながら人々とともに生きる共同体を模索しようとした、いわばカトリック左派のイタリア版と言える書店の活動[9]は、彼女の求める道に応えるものであった。こうして仲間に迎え入れられてミラノに移り住み、やがて書店のメンバーであったリッカ・ジュゼッペ（愛称ペッピーノ）と結婚。以後、日本文学のイタリア語翻訳という重要な仕事にも携わり[10]、四十二歳まで十三年間イタリアで暮らすことになる。

「他者への共感的理解」と「受苦の共同化（共苦）」

神谷美恵子も須賀敦子もその著作が知られるようになったのは、比較的晩年になってからであった。しかし、後年の実践と著作の原石とでも言うべきものを、自己形成から自己確立の時期に相当する二十代後半から三十代前半にかけての多くの文章に窺うことができる。そこでは、二人が繰り返し自己確認するかのように書き留めている共通する特徴的な姿勢を指摘できよう。すなわち、「他者への共感的理解」と「受苦の共同化（共苦）」という仕方で現実に関与し、実践することで自己自身を遂行していった点である。

(1) 苦しみと悲しみの十字架――神谷美恵子の場合

神谷がハンセン病医療を志した背景の一つに、彼女に純粋な愛を捧げながらも、現実には互いに思いを交わし合うことなく腎臓結核で夭折したある青年――野村一彦[11]の存在があったことが知られている。彼は、美恵子の兄で後に著名なパスカル研究者となる前田陽一の親友で、同じ成城高等学校に在籍し、叔父の金沢常雄の主宰する中原聖書研究会のメンバーでもあった。闘病中の上に内省的な一彦が美恵子と実際に直接言葉を交わした機会は、数えるほどしかなかった。結核を病む一彦との交際を反対する母親に気遣いつつ、双方の思いを伝えたのは兄の陽一であり、二人の関係は現実にはきわめて慎ましやかであった。一彦の死後、野村夫妻から彼の遺した一冊のノートを借り受けた彼女は、そこに綴られた一彦の自身へのあまりに純粋な愛を知り、大きな打撃を受ける。

彼女が叔父に頼まれて、讃美歌のオルガン演奏のために多磨全生園を訪れたのは、一彦の死からまだ二、三か月も経っておらず、痛烈な後悔と深い悲しみの中でまさに「一つの『生きる意義』(raison de vivre)

を喪って宙に漂[12]」っていたそのときであった。自らもまた「苦しむ人、悲しむ人」であった彼女は、そこで初めて出会ったハンセン病患者たちと彼らのために献身的に働く人の姿に大きな衝撃を受け、「苦しむ人、悲しむ人のところにしか私の居どころはない[13]」と「癩への奉仕」を「新たな『生きる意義[14]』」として一瞬のうちに思い定める。それから約十年後の東京女子医専の卒業を控えた夏休みに、実習と見学を兼ねて長島愛生園を訪れた際につくられた詩には、次のような一節が見える。「何故私たちではなくあなたが?」(「癩者に[15]」)。

以下は、ほぼ同時期に書かれた三十歳頃の神谷の『若き日の日記』からの引用である。「たくさんの恩恵にあふれている私は、不運な人々——病める人、不幸せな人……——等に対して大きな負い目を負っているのだ。あの人たちは私に代って悩んでいてくれるのだ。人類の悩みを私に代って負っていてくれるのだ」(一九四三年七月三日[16])。「何を措いても、自分は自分に誠実に歩まねば苦しくて生きていられない、生きることを許されないのだ。……自分の為す業に何の意義ありや、自分の探求する事柄に何の普遍性ありや、自分の創り出すものに何の価値ありや、——そんなことは分かりよう筈もない、しかし分からないままに、行い、究め、創るほかないのだ。……ああ神様、どうか、あなたの賜りましたものを悉く最高の用途に用いさせてくださいませ」(一九四四年十一月二十六日[17])。患者と自分自身とを同じ側におき、病む者、苦しめる者への連帯感にも近い共感と、ある種の贖罪意識、そしてそれゆえの自己の生きる意味の探求が彼女の終生にわたるテーマである。

二度にわたって肺結核に罹患したにもかかわらず、生きながらえて医学への転向を許され、苦悩の淵から生へと呼び戻された神谷は、再び生きうる命を贈られた者として、生への燃焼を望みながらも命を断ち切られた者、生きながらにして死すべき者として葬り去られた者に対して、いわば自らの生の代償として彼らの「苦しみと悲しみの十字架[18]」——「愛生園見学の記」の序文にエピグラムとして掲げられたアッシジの聖フランチェスコの言葉である——をわが物として引き受けようとする。[19] 自分一個の苦悩に矮小化させず、自らの喪失も苦しみも踏まえた上で、形而上的な苦悩の絶対的レベルにまで降り立つことによって、自己のそれまでのすべての歩みを受け入れ、肯定することができるようになるとき、再び生かされた命を深い感謝の念をもって受け取り、その生かされた命のかけがえのなさを死者の記憶とともに純粋に保ち続けることになる。このとき愛は死をも反転して、特定の一個人から普遍的で宗教的な意味合いを帯びた隣人愛の実践となる。「悲しみをてこにして飛躍すること。悲しみや苦しみの中になずむな。それに清められ、きたえられ、優しくされよ。……「愛」とは単なる肉親の愛情とかいうものではない。ἀγάπη Caritas（キリスト教的人類愛）のことだ。すべて悩める人、苦しめる人に対して私たちは負い目ある者なることを理屈なしに感じてしまうあの心情のことだ」（一九四四年九月四日）[20]。

生きる意味の喪失という若き日の原体験が、彼女を真の愛とは何か、愛をもって生きるとはどういうことなのか、人間が生きうる根拠はどこにあるのかという根源的な問いにまで降り立たせた。それは実存的に自らへと問い返され、己の道を識別していきながら人間の探求へと向かい、人間にとって自己の存在根拠と意義への問い、すなわち後年『生きがいについて』に結実される地平を開いていく。彼女が精神医学を専門にした動機は、自己と世界に対する認識への興味に加えて精神を病む年少の友人との出会いがあったが、それ以外に、患者が治癒すれば忘れられ感謝されることが最も少ない点に惹かれたのだという。「人目の届かぬ病床の傍らで患者——即ち「人間というもの」「人生というもの」——と、人間的にまた学問的に「一騎打ち」を為し、じいっと目を凝らし、耳を澄ませて自他を観察し、「本質的なもの」……を消化し、己が血となし肉となし、その血と肉を注いでものを書く生活」（一九四五年十月二十五日）[21]。「精神医学は私の『認識』の道程に於いてどうしても必要であった。……私は、『魂の認識』に献身し、これを文学的に表現することによって、この献身の任務と苦痛に耐えていくべき人間である」（一九四五年六月十二日）[22]。「魂の認識への献身」、これこそ彼女が使命と感じたものであった。

（2）恩寵の冒険に捧げられた人生――須賀敦子の場合

他方、須賀にとって愛することの実践は、最初からキリスト者としてのアイデンティティに直結していた。彼女は、イタリアに渡る前の二十六歳頃からミラノで結婚する三十二歳頃までを中心に、毎月のように「祈祷の使徒会」発行の月刊誌「聖心《みこころ》の使徒」[23]と、「コルシア書店」発行の月刊誌をもとに自ら編集を手がけ日本へ発送した小冊子「どんぐりのたわごと」[24]に、信仰エッセイや創作ならびに霊的書物・神学書の翻訳を精力的に発表している。それらに共通するテーマは、修道会に入らずして一般信徒がどのように世俗の中でキリストの教えを実践していくか、つまり「信徒使徒職としての生き方」である。

大学院時代にキリスト者の仲間たちと語り合う中で、須賀は「自分たちにできる唯一のことは、キリスト教徒として精一杯生きることである。決して何かを行う〔to do〕ことではなく、生きることで何よりもそうある〔to be〕べきである」[25]（傍点原文、〔 〕内は引用者補足）という一つの格率を摑む。ヨーロッパに渡ってさまざまな文学や思想を学び、キリスト者の生き方に触れる中で、彼女は「コルシア書店」の活動に一つの実践のモデルを見出す。そこでは、教会内部にしか通用しないような硬直した精神主義を打破して、開かれた自由な精神で同時代の文学や哲学、無宗教者やキリスト者以外の人たちとも積極的に対話を進め、聖職者と平信徒とが協力してキリスト教を基盤とした真の共同体的社会の建設を目指そうとする、種々の文化的・社会的活動が展開されていた。書店の創立者の一人であったダヴィデ・マリア・トゥロルドは司祭にして詩人であり、戦災孤児のための村落共同体の建設や教区の貧困者を扶助するための「愛のミサ」運動を行うが、彼らの「政治活動」に対して教皇庁は圧力を加える。時代背景として第二ヴァチカン公会議（一九六二―六五年）が始まる前のイタリアであったことを看過できない。同時に、書店の創立メンバーが、第二次世界大戦中にファシズムとナチス・ドイツ軍のイタリア占領に抗して、自由と解放を求めて抵抗運動を行ったパルチザンの仲間であったことは注目してよい[26]。

須賀自身が戦時中の学徒動員と空襲の体験者であるが、慶應の大学院でカトリックの哲学者、松本正夫の指導する読書会を通じ、戦時中のシモーヌ・ヴェイユの行動を知って感銘を受けている。炭鉱労働者とともに組合運動に積極的に身を投じようとしたヴェイユは、失業者・労働者のおかれている真の境遇を知るために自ら工場労働者として働き、またスペイン市民戦争ではファシズムに対抗して国際義勇軍の一員として従軍し、第二次世界大戦の際はレジスタンスを支援する。抑圧の機構と集団の悪に誰よりも自覚的であった彼女は、それらの過程で「受難のキリスト」と出会う決定的体験を経ながらも、あくまでも「教会の外にいる人々と共に留まる」道を選ぶ。

須賀が心血を注いだ「どんぐりのたわごと」創刊第一号（一九六〇年）を飾るのは、シャルル・ド・フーコー[27]（一八五八―一九一六年）の霊性を受け継いで「イエズスの小さい兄弟たち」修道会を創立したルネ・ヴァイヨームによるド・フーコーの霊性についての講演「友愛・沈黙のうちに行われる使徒職」である。ヴァイヨームによれば、ド・フーコーは修道院の囲いの中から外に出て、事業や施設の経営、教区をもつことや公職に就くことさえ自らに禁じてただ貧しい人の中へ、砂漠の異教徒の中にさえ――そして彼は惨殺される――出かけて行った。そして、貧しさの状態に自ら進んで留まることで、彼らと同等の友となって「一つになろうとした」のである。須賀はド・フーコーの霊性に深く共鳴し、彼の実践に「観想生活と活動的生活とに、カナの奇蹟の水とぶどう酒にも似た豊醇な関係[28]」を見出す。観想生活とは、何も修道会や修道者のような、特殊な生活環境で暮らす者だけに与えられる専売特許ではない。真の観想生活とは、「人生のあらゆる瞬間を観想的に生きる——愛のまざなし、すなわち神のまなざしでもって生きること」[29]だと須賀は言う。大切なのは「日常の具体的な一つひとつのことを大切にして愛をこめて生きること」、「現世に目を閉ざして素通りするのではなく、毎日のすべての瞬間を愛しつくそうとすること」、「愛を、どのような逆境にあっても……本気で信じているものとして生きること」なのだ、と。なぜなら「すべてが恩寵なら、あらゆる時代は恩寵の時」なのであって、「愛するとは、人生の営みを通して、神の創造の仕事に参加すること」[30]に他ならないからである。

生きるという「行為」が、生のあらゆる瞬間を愛することの実践であるならば、「行為（to do）」は「存在（to be）」に限りなく近づいて合致しようとし、究極的には存在そのものが愛と化するだろう。それがキリスト者として倣うべきイエスの生き方である。「コルシア書店」に集う日陰を知る貧しい者たちとの豊かな交わり、帰国後四年間にわたって「エマウス運動」（後述）へ傾注した熱意、いずれも分断された世界、社会、人間同士の間を繋げようとする愛の、試行錯誤と冒険に満ちた遂行に他ならなかった。アッシジの聖フランチェスコを生んだイタリアでの若き時代の須賀のエッセイには、「恩寵の冒険に捧げられた人生」[31]を生きようとする者の向日性が澄んだ歌となって響いている。たとえ、いずれ各人が「究極においては生きなければならない孤独と隣あわせ」[32]であることに気づき、これらの共同体がやがて別離と衰退を迎える日が来ることになるにしても、である。

（3）「他者への共感的理解」と「受苦の共同化（共苦）」による自己遂行

須賀は、夫となるペッピーノに宛てて次のように書いている。世界の苦しみと闘うだけでなく、苦しみを

「受け入れる必要、世界を清め、救う力として、苦しみを受け入れることを学ぶ必要もあるような気がする」。「すべての人々の苦しみを、何も言わずに分かち合うことは、とりわけ女性だからこそできる大事なこと」であり、「私たち女性は、より苦しみを受け入れるための能力を授けられているのではないでしょうか」（一九六〇年三月八日）[33]。神谷と同じく須賀にも「受苦の共同化」、つまり「共苦」という姿勢がある。他者に共感し、その苦しみを分かち合うためには、まず他者の苦しみを「理解する」必要があるだろう。「聖心《みこころ》の使徒」に発表された「諸民族間の兄弟的愛」（一九六七年）と題するエッセイの中で、須賀は「他民族、他国民、人をいのちがけで愛する」手始めとして、「忍耐をもって理解すること」を説く。そしてこの場合の「理解する」とは、むしろ「分かること」「理屈だけでなく、心と共になされる行為」だと付け加えられている[34]。

ここには明らかに、神谷が「魂の認識への献身」と呼んだ認識の仕方と共通するものがある。二人とも堪能であったフランス語には、「認識する、理解する」を意味する二種の単語があることが知られている。「savoir」と「connaître」がそれである。前者が「対象として抽象的な知識として理解する」のに対し、後者は「相手に己を分かち与える、共に生き共に苦しむ」（co 共に－naître 生まれる）という意味での「分かる、相手を理解する」ということなのである。対象を客観化して概念的に体系として構築するのではなく、他者の具体性の地平に降り立ち、生起する問いを自らに問い返しながら、それらを自分自身のものとして引き受けることで他者の苦しみに参与する。このとき思惟は存在までへりくだり、己を他に分かち与えながら自己自身を遂行する。換言すれば、自己の存在そのものを他者を通して実践することになる。

他者を本当の意味で受容しうるためには、自己を定点に据えた上で、この自己を限りなく他者へと譲り渡していくことが求められるだろう。このような「共感的理解」に基づく「共苦の精神」の実践を思うとき、二十世紀を生きたユダヤ人の女性キリスト者シモーヌ・ヴェイユとエディット・シュタインの姿がおのずと思い浮かぶ。神谷も須賀も早い時期からヴェイユを愛読していていた他[35]、カトリックであった須賀はローマの寮で同室だったドイツ人からシュタインのことを聞き、強い関心を見せている[36]。哲学教員であったヴェイユは労働者のおかれている条件を知るべく、過酷な工場労働に自らを投げ入れることで「不幸」の絶対的レベルまで降り立つ。ヴェイユによれば、あらゆる慰めを拒否する苛烈な自己無化を通じて、神をも不在にする「不幸」の中に降った恩寵こそ、「あなたを苦しめているものは何ですか」と問う隣人愛を基礎づけるもの[37]である。

信仰とは「知性が愛の光を受ける体験である[38]」とヴェイユは述べたが、フッサール門下で現象学の徒として歩んでいたシュタインは、真理を探究する道が実は神に自分が捜し求められている道であったことを知ったとき、己の存在を全面的に神へと譲り渡していく。後にカルメル会修道女となり、人類の未曾有の悪と罪に対して苦しみの中にいるすべての人と連帯し、キリストが十字架を担ったように、人間の罪に対して自己そのものを奉献する道を選んでアウシュヴィッツで殉教した彼女の宗教哲学、神秘神学の著作には、しばしば「献身 Hingabe（hin 向こうへ－geben 与える）」という言葉が見える。「愛は、最も深い意味において、自分自身の存在を分かち与え（Hingabe）、愛する方と一つになる。……神の求めていることを、もっとも深い献身の心で行うことにより、神の命はその人の命となり、その人は自らのうちに神を見出すようになる[39]」。彼女たちはいずれも、自我の拡大という欲求を満たすことで自己実現を図ろうとする生き方とは異なり、自己を限りなく無化（ケノーシス）することで、他者のうちに究極的価値を実現しようとする人生[40]を歩もうとした——その意味では女性特有の——生き方と言えるのではないか。

文学を通じた思想の表現者として

神谷も須賀も、他人の思想を借り物のように着る生き方ではなく、「自分の思想を生きる」という強い志向に貫かれている。「出来上がったカテドラルの中にぬくぬくと自分の席を得るのではなく、自分がカテドラルを建てる人間にならなければ[41]」と、須賀はサン＝テグジュペリの言葉を借りて比喩的に語っている。同じように神谷も「島行きは私の実践として、自分の思想を生きるところとして、ぜひとも必要なのだ。あそこで通用しうる思想しかほんものでありえない」（一九六五年三月十二日[42]）と述べた。このことは「存在（to be）」と「行為（to do）」が矛盾せず、可能な限り一致する生き方を求めることを意味する。それは学問の特定の一分野として表現されうるものではない。だがそれゆえに、両者とも早い時期から表現を志向していたにもかかわらず、その表現手段を見出すために長い歳月を要した。神谷の『生きがいについて』が七年の熟成期間を経て世に出たのは一九六六年、五十五歳のときであり、須賀が最初のエッセイ『ミラノ霧の風景』を出版したのは一九九〇年、六十歳のときである。その際二人はともに、自らの思索を表現するために文学という形式を、独自の仕方で生かそうとしたことが指摘できよう。

（1）他者の声を聴き、自分の思想を表現する手段としての文学――神谷美恵子の場合

長島愛生園におけるハンセン病患者の精神医療の現場で、患者たちの病苦、失明、疎外、生死の問題など実存的なカテゴリーの問いに直面させられた神谷は、「思想とは自分が生きているそのことから必然的に流れ出る血液のようなものではないか」（一九六一年五月十四日[43]）と断じている。「魂の認識への献身」を自認する神谷は、人間を部分的に細分化し、局所のみを肥大化させていきがちな哲学や心理学や医学における体

系的・客観的記述とは異なって、人間全体を包括的に捉えてあるがままの姿を描き出し、その「魂の深奥」まで具体的に表現することが可能な文学に、若いときから特別の意義を認めていた。医学生時代に彼女が、ベルグソンやニーチェといった生の哲学、キルケゴールやヤスパースの実存主義哲学を中心に哲学や心理学を広く渉猟するとともに、英文学（キャサリン・マンスフィールド等）、独文学（リルケやトーマス・マン等）、日本の古典文学ならびに近代文学（島崎藤村や宮沢賢治等）に強く惹かれ、文学と医学の間でどれほど引き裂かれていたかは日記から明らかである。「人間探求ということになれば、結局文学がいちばん人間の真の姿に近づくことができるのではなかろうか」（一九四三年十月二十三日）[44]。

自身でも詩（『うつわの歌』）や自伝的創作を試みるなどその文学的感性は言うまでもないが、精神科医としての神谷は、ヴァージニア・ウルフの描く狂気の登場人物の世界にそれ自体の美と真実とパトスがあることを認め、作者の激しい苦悶と憤怒の情を感じ取っている。それが後にウルフ自身を代弁した一人称の病跡学研究となるわけだが、神谷自らが訳したウルフの『ある作家の日記』の中で、ウルフは「孤独と沈黙によって人の住む世界から追われるとき、真の世界の歌う歌……の感じを捉えることができたら」と書いている。また、同じように精神を病んでいたドイツの悲劇的な詩人ヘルダーリンは、「一つの旋律が私にまだ聞こえている限り、私はこの地上の荒野の死の静寂を恐れない」との言葉を残した。人間は自分が用いる言葉の程度に応じてしか相手の心を耕すことができないが、人生の途上であたかも荒野にいるとしか感じられないようなとき、この「歌」や「旋律」――それは言うなれば、「生命の優しい天上的な哀しみの旋律」[45]とでも言えようか――に聴き入り、そのしじまに言葉を返してくれる人に出会ったとき、どれほど救われ慰められることだろう。彼女はこの「歌」と「旋律」を、さらには歌われなかった「旋律」と「歌」をも、文学作品を一つの手がかりにして聴こうとしたのである。その同じ感受性でもって、社会から隔絶され、孤独と沈黙のうちにある目の前の患者たちの苦しみと悲しみを、彼らの心の内側から事象そのものに即して聴き取り、理解しようとしたと言えるだろう。

愛生園での幾多の患者との出会いが、やがて一つの問題を彼女に提起することになる。この世になぜこうした苦しみがあるのか、たとえ希望を失ったとしても人間が生き続けなければならないのはなぜなのか、宗教によらねば人間の生は耐えられないものなのか。「どこでも一寸切れば私の生血がほとばしり出すような文字、そんな文字で書きたい、私の本は。……体験からにじみ出た思想、生活と密着した思想、しかもその思想を結晶の形で取り出すこと」(一九六〇年七月三日)[46]。それは生きる意味や意義、レーゾンデートル(raison d'être＝生存理由)についての類稀な探究の著『生きがいについて』に結実されていく。神谷はそこで、多くの文学・思想作品、出会わされた患者の肉声や自らの体験に語らせる形で、心の襞に内から分け入るように、生の負の局面から人間の生きる意義を逆光線のように濃やかに照らし出す。そして、人間存在の基盤にあって人間を超越し、包摂する存在へと眼差しを差し向けるのである。

(2) 自伝的エッセイという表現が意味するもの——須賀敦子の場合

須賀もまた、四十代の日々をある実践に捧げている。彼女はイタリア人の夫と結婚後六年にも満たないうちに死別し、その二年後の一九七一年秋に帰国するのだが、翻訳や通訳、語学教師など非常勤の仕事で生計を立てる傍ら、日本における「エマウス運動」[47]の担い手としてその活動に没頭した。フランスで戦後アベ・ピエール神父によって始められたこの運動は、社会に順応できない貧しい人々を手助けしつつ共に生きるために、彼らと廃品回収を行いその収益で共同生活を行うものである。日本ではロベール・ヴァラード神父によって神戸で始められ、早くからこの運動へ関心を持っていた須賀は、ヴァラード神父の勧めを受け練馬に

「エマウスの家」を設立、若者たちと廃品回収を行い、時に寝食を共にした。

やがて幾つかの大学でイタリア文学、比較文学を講じるようになり、イタリア文学研究に比重を移して運動から引退する。ヤコポーネ・ダ・トーディーの「讃歌（ラウデ）」やダンテら中世の詩人や、須賀が特別に愛したウンベルト・サバ、あるいはジュゼッペ・ウンガレッティなどイタリアの現代詩人、そして現代女流作家ナタリア・ギンズブルグ（一九一六―九一年）の優れた翻訳、紹介を精力的に行う。中でもギンズブルグの『ある家族の会話（Lessico famigliare）』の翻訳は、須賀の創作に決定的意味を持った。ウンベルト・エーコ、イタロ・カルヴィーノといった知名度の高い作家たちに比べると、ギンズブルグは海外では無名の存在に近い。ギンズブルグの夫レオーネは、ロシア文学者であると同時に反ファシスト・グループのリーダーであり、ファシスト党への宣誓を拒否して流刑に遭う。彼女も夫に同行するが、その後、夫は捕らえられて獄死する。須賀はギンズブルグの中に、コルシア書店の仲間たちが呼吸していたのと同じ時代の空気を感じ取り、彼女の中にその時代の新しい語り部を感じ取っていたのかもしれない。だがそれ以上に、須賀にとっては彼女の作品との出会いが、日本帰国後十九年間にわたるイタリア時代の記憶の封印を開いて、自らの体験を文学的に表現する術を発見させたのである。須賀のギンズブルグ論は、あたかも須賀自身の文学を俯瞰するかのようであり、『ミラノ霧の風景』以下の作品群の到来を予告的に解説しているようにさえ思える。

幼い頃から小説家を志望していたギンズブルグは、「女性にありがちな自伝的で感性だけに頼った文章を書くことを何よりも恐れ、むしろ自分とは異質の世界を理知的に「男性のように書く」(48)ことに専心していた。しかし自伝的小説『ある家族の会話』は、「事実」を素材としながらも単なる「回想」や「伝記」に終わることなく、「抒情性を本質とした言葉の詩学」が、「本来なら対極的で異質と考えられる現代史の叙述と平行してひとつの世界(49)」を形づくっている。須賀の人生に置き換えるならば、愛する夫の死、両親の死、コルシア書店の政治的混乱と衰退、その仲間との別離と死、相次ぐ喪失と失意を経て「長い遍歴の結果、人生のある円熟の季節に、ふとそれまで自らを縛り付けていた制限をすべて捨てて」、「最も自由な状態に自分を置いてみる」[50]とき、いわば自らが記憶の外に出てみることでその記憶が一定のパースペクティヴを獲得し、濾過され、その純化された最もよき上澄みが文章として表現され得たのである。「コルシア書店」を中心とする須賀のイタリアでの生活は、こうして小説風の自伝的エッセイとなって蘇る。フランス語で「エッセイessai」とは「試みる」の意味を持ち、ラテン語には「重さをはかる」の原義がある。生の一つひとつの重みを量り確かめながら、過ぎた歳月の間に蓄積された経験が「精神の網をくぐらせ」た言葉となって、確固たる立ち位置から内実を伴った言葉として定着される。彼女の作品は、自伝的でありながら日本の伝統的な私小説とは似ても似つかず、また完全な虚構による小説とも趣をおおいに異にする。それは、作中に作者の思想が伏流となって絶えず存在し、作品世界を支えているからに他ならない[51]。しかしながら、須賀が自ら生きようとしたその思想は、決して声高に大仰に語られることない。むしろ「具体性こそはわれわれ人間同士を結びつけている、人生にとって本質的な要素なのではないか[52]」とギンズブルグに託して述べられているように、実在する登場人物たちの生きた手触りを介して読者に伝えられる。具体的な一つひとつの事柄を大切にして、あらゆる瞬間を他者とともに「観想的に生き」ようとした者の「恩寵の冒険」、すなわち、試行錯誤のうちにキリスト者として自らの思想を生き実践しようとした「試み」としての人生が、そこから立ち昇るのである。

●生きられた思想●

神谷美恵子も須賀敦子も、若き日々にいかに生きるべきかという実存的な問題意識から発した。彼女たちは人生の比較的早い時期に出会ったキリスト教を基盤に、自己自身の生き方を真摯に模索する中で他者への共感的理解と受苦の共同化（受苦）を通して、他者の具体的地平に降り立ち、他者との人格的な関わりのうちに自らを他に分かち与える仕方で、自己を遂行しようとした。存在と思惟と行為とがそれぞれ合致するような、自ら「生きられた思想」――それは通常の意味での「思想」とは異なる――は、晩年になって自己の思索と体験を昇華させ、神谷も須賀もそれを文学という表現手段を生かすことで表現しようとしたのである。

　ここで、改めて一つのことが問われねばなるまい。本稿における問題設定は「思想における女性性というものがあるのか」であった。それに対して、どのように答えるべきなのか。それはジェンダー研究が常に立ち返らなければならない「女性性を問うことにどのような意義があるのか」という暗黙の前提を問うことと不可分であるが、それ以上に、より根本的に「思想とは何か」という問いかけを促す。およそ普遍性を要求しない思想はあり得ず、思想は思想であろうとする限り普遍性を要求する。しかし、神谷や須賀の著作に見られるのは、そうした類の思想ではなく、声高に何かを主張することからはあたかも最も遠く隔たっているかのようである。

　神谷はアメリカ留学時代に、ペンドル・ヒル学寮での自由研究のテーマとして「日本人とキリスト教」という極めて質の高い英語論文を発表している。その中で彼女は、「愛による神のへりくだり」というキリスト教の核心に端的に迫っている。すなわちイエスの人格、生涯、その教え全体が「一定の倫理的、宗教的理想や実践への帰依ではなく、人の生活全体の質的、根本的変革」であり、「自己に集中する古い境地から方向を転換して、父なる神に自己を明け渡すという新しい世界に入ること」[53]に、「イエスの道の新しさ」があることを指摘する。神の言葉《ロゴス》のうちに透明になり、それと完全に一つになろうとしたイエスは、神の言葉の生きた現れに他ならず、受肉した神の言葉、すなわち真理《ロゴス》として生ける真理を露わにする。真理は、新たに構築されるべきものとしてではなく、見出されるべきものとしてそこに在る。問題はそれといかにして出会い、各人がどのようにしてそれと関わり、参与していくかなのであって、「思想を生きる」ということの一つの深い意味はそこにあるのではないか。生きられた真理としてのイエスを仲介する、この神と人との人格的、二人称的関わりが、他者と共同する生を本当の意味で基礎づける。

後に神谷は『生きがいについて』の中で、人間が苦しみの意味を求めて血みどろな葛藤と探究を経たうえで、苦しみや悲しみを受容しそれと融和して、再び新しい生きがいを精神の世界に見出しうるまでの内的変化、その「心の組みかえ」を「変革体験」と呼んだ。(54)それは特定の実定宗教を超えて、人間存在が自己を超えた他なるものとの出会いによって、その接触と交わりの場においてこそ命に与り、生かされていることを示唆する。須賀は、「どんぐりのたわごと」第六号に親友のダヴィド神父の筆を通じて、ジョヴァンニ・ヴァンヌッチ師の次のような意味の言葉を紹介している。「キリスト教の祈りとは、神に昇っていくことのみにあるのではなく、造られたものへ降りてゆくことでもある。昇るとは、それによって人間の精神が造られたことのない光――神――のうちに染み透ることを決定する行為である。降りるとは、祈る者が清められ和められた心をもって、世に還ってくることである。(55)」

効率と競争を掲げ、計測可能な目に見える価値システムの中での自己実現という生き方が疲弊と歪みを顕在化させている現代社会の中にあって、彼女たちの生き方は、現実そのものに深く根を下ろしながら、それを超えたところにある存在を開示する。高みではなく低く降りることによって、苦しめる者、悲しめる者、助けを必要としている者の傍らに身を置くことによって――女性はある意味で、そうした境遇をより知りやすい――、卑近な日常の中に聖性を引き寄せ、逆説的に顕わにするのである。

（付記）本稿は、二〇一一年二月二十六日に台湾政治大学で行われた同大学台湾文学研究所と白百合女子大学との共催によるシンポジウム「東アジア文学からジェンダーを見る」発表原稿に多少の加筆・修正を行ったものである。

注

（1）Sylvie Courtine-Denamy, *Trois femmes dans de sombers temps*, Paris Albin Michel, 2002. シルヴィ・クルティーヌ＝ドゥナミ著、庭田茂吉他訳『暗い時代の三人の女性』（晃洋書房、二〇一〇年）。

（2）みすず書房より『神谷美恵子著作集』（全一〇巻＋別巻一・補巻二、一九八〇年）と『神谷美恵子コレクション』（全五巻、二〇〇四年）が刊行されている。以下、神谷の引用箇所は前者に基づく。

（3）マルクス・アウレーリウス『自省録』（岩波文庫、一九五六年）、ジルボーグ『医学的心理学史』（みすず書房、一九五八年）、ミシェル・フーコー『臨床医学の誕生』（みすず書房、一九六九年）、同『精神疾患と心理学』（みすず書房、一九七〇年）、ヴァージニア・ウルフ『ある作家の日記』（みすず書房、一九七六年）など。

（4）河出書房より『須賀敦子全集』（全八巻）が単行本（二〇〇〇年）と文庫本（二〇〇六年）より刊行されている。以下の引用箇所は文庫版に基づく。

（5）神谷は、それ以前に二年間ほど聖心女子学院小学部に在籍していたが、ここでの学校生活は甚だ馴染めぬものであった。九歳のとき、父、多門が国際労働機関（ＩＬＯ）の日本政府代表としてジュネーヴに赴任するのに伴い、スイスに渡る。ジュネーヴでは、初め心理学者ピアジェが校長を務めるジャン＝ジャック＝ルソー教育研究所付属小学校で寺小屋式の教育を受け、その後、碩学の地理学者ポール＝デュプイが校長を務めるジュネーヴ国際学校中学部に進学。自由闊達で温かな教育を受けた。

（6）神谷、著作集九『遍歴』「帰国」に詳しい。

（7）須賀、全集二『ヴェネツィアの宿』一三五頁。

（8）シェニュとコンガールについては、フォーガス・カー著、前川登・福田誠二監訳『二十世紀のカトリック神学―新スコラ主義から婚姻神秘主義へ』（教文館、二〇一一年）に詳しい。
（9）須賀、全集一『コルシア書店の仲間たち』二一四頁以下。
（10）ミラノ時代に谷崎潤一郎や石川淳を始めとする日本の近現代文学をイタリア語に翻訳する仕事を行い、一九六五年にボンピアーニ社から『Narratori giapponsei mondemi（日本現代文学選）』を出版、イタリアにおける日本文学理解に多大な貢献をなした。
（11）『銭形平次』の生みの親であり日本で最初に音楽評論を始めた野村胡堂の長男である。野村一彦『会うことは目で愛し合うこと、会わずにいることは魂で愛し合うこと。―神谷美恵子との日々』（港の人、二〇〇二年）、太田雄三『神谷美恵子のこと―喪失からの出発』（岩波書店、二〇〇一年）。
（12）神谷、著作集五『旅の手帖より』八頁。
（13）神谷、著作集九『遍歴』「帰国」七五頁。
（14）神谷、著作集五『旅の手帖より』「旅を前にして」八頁。
（15）神谷美恵子『うつわの歌』（みすず書房、一九八九年）八頁。
（16）神谷、補巻一『若き日の日記』一〇二頁。
（17）同、二二九―二三〇頁。
（18）神谷、著作集五『旅の手帖より』まえがき。
（19）詳しくは拙論「魂の認識への献身―神谷美恵子小論」（季刊「現代文学」七五号、二〇〇七年七月刊、現代文学編集委員会）を参照のこと。
（20）神谷、補巻一『若き日の日記』二〇八頁。
（21）同、三四四―三四五頁。
（22）同、三〇九頁。
（23）須賀、全集八巻に所収。「聖心の使徒」には、アメリカのトラピスト会修道士トマス・マートンや『荒れ野の師父らの言葉』といった霊的書物の翻訳の他に、聖人伝（シエナのカタリナやルルドの聖母で有名なベルナデッタ）、コンクラーベや聖週間の様子を伝えるローマ便り、アッシジでの体験、「愛するということ」をテーマにした文章が掲載されている。やや期間をおいて日本に一時帰国していた一九六七―六八年には、「諸民族間の兄弟的愛」「日本の司祭にのぞむこと」「教会と平信徒と」と題する信徒使徒職をめぐってのエッセイが残されている。

(24) 須賀、全集七巻に所収。須賀はこの小冊子に精魂こめており、日本帰国後も続けたいと考えていた。

(25) 須賀、全集八「ペッピーノ・リッカ宛」一五三頁参照。

(26) 須賀、全集七の松山巌による解説「パルチザンの水脈の人々と共に」が参考になる。

(27) シャルル・ド・フーコーについてはシャルル・ド・フーコー著、澤田和夫訳『霊のあふれの記』（サンパウロ、二〇〇〇年）に詳しい。

(28) 須賀、全集七「どんぐりのたわごと　第一号」四一頁。

(29) 同。

(30) 須賀、全集八「聖心の使徒」所収エッセイ「現代を愛するということ」二五二頁、「教会と平信徒と」二八七―二八八頁。

(31) 須賀、全集八「ペッピーノ・リッカ宛」一七二頁。

(32) 須賀、全集一『コルシア書店の仲間たち』三七四頁。

(33) 須賀、全集八「ペッピーノ・リッカ宛」一七一―一七二頁。

(34) 須賀、全集八「聖心の使徒」所収エッセイ「諸民族間の兄弟的愛」二八〇頁。

(35) 須賀、全集四「世界をよこにつなげる思想」二八六―二九〇頁。神谷、著作集五『旅の手帖より』「シモーヌ・ヴェーユの軌跡」二六一―二七〇頁。

(36) 須賀、全集二『ヴェネツィアの宿』「カティアが歩いた道」参照。

(37) シモーヌ・ヴェイユ著、渡辺秀訳『神を待ちのぞむ』（春秋社、一九六七年）七九頁。

(38) シモーヌ・ヴェイユ著、田辺保訳『重力と恩寵』（ちくま学芸文庫、一九九五年）二一〇頁。

(39) Edith Stein Gesamtausgabe11/12, *Endliches und ewiges Sein*, Herder 2006. s.376.

(40) 現象学における「感情移入」に基づく他我経験の構成がシュタインの博士論文（『感情移入の問題』）のテーマだったが、『女性論』の中でこれをジェンダーの視点から捉え直している。そこでは、女性は男性よりも「共感的」であり「人格的で具体的なもの」に向かうという自然的傾向を指摘した上で、女性にとって他者との関わりは抽象的理念ではなく、人生の究極的価値に結びつくものであることが説かれている。Antonio Calcagno, *The Philosophy of Edith Stein*, Duquesne University Press, 2007. p.70. 須沢かおり『エディット・シュタイン―愛と真理の炎』（新世社、一九九三年）一七〇頁。

(41) 須賀、全集二『ヴェネツィアの宿』一三五頁、全集四『遠い朝の本たち』一一六―一一七頁。

(42) 神谷、著作集二『人間を見つめて』「島日記から」二三五頁。

(43) 神谷、著作集二『人間を見つめて』「島日記から」二一二頁。

(44) 神谷、補巻一『若き日の日記』一二五頁。

(45) 霜山徳爾『素足の心理療法』（みすず書房、一九八九年）三〇頁。

(46) 神谷、著作集一〇『日記・書簡集』一四二頁。

(47) エマウスとは、復活したキリストに弟子たちが出会ったその村の名前（「ルカ福音書」二四章一三―三五節）である。

(48) 須賀、全集六「ナタリア・ギンズブルグ」一五頁。

(49) 須賀、全集六「ナタリア・ギンズブルグの作品 Lessico famigliare をめぐって」二八―二九頁。

(50) 同「『ある家族の会話』訳者あとがき」三二五頁。

(51) 矢島翠「均質な光のパースペクティヴ」（須賀、全集二「解題」）五九一頁。

(52) 同「ナタリア・ギンズブルグ」二五頁。

(53) 神谷美恵子『うつわの歌』(みすず書房、一九八九年)「日本人とキリスト教」一三八頁。

(54) 神谷、著作集一『生きがいについて』二三四―二三九頁。神谷の宗教思想については注(19)の拙論を参照されたい。

(55) 須賀、全集七、一四六頁。次の言葉が思い出される。「キリストは、神の身分でありながら、神と等しい者であることに固執しようとは思わず、かえって自分を無にして、僕の身分になり、人間と同じ者になられました。人間の姿で現れ、へりくだって、死に至るまで、それも十字架の死に至るまで従順でした」(「フィリピの信徒への手紙」二章六―八節)。

アメリカ小説に見る女性教師像

土屋　宏之

はじめに

十九世紀半ばから二十世紀初頭までのアメリカ小説に描かれている、女性教師像が約七十年の間にどのような変遷をとげていったかを本論で考察する。同時に、そのような女性教師をめぐる共通点と相違点などに何が反映されているかも検討したい。また異郷や辺境の地で教育と時には台所を媒体として、文明の基本の伝達と維持に努める女性たちの姿に触れながら、その背景をなす理念や原動力の解明にも迫りたい。

『アンクル・トムの小屋』

ハリエット・ビーチャー・ストウの『アンクル・トムの小屋』（一八五二年）の主人公で中年黒人奴隷のトムは、経済的に困窮していた所有主のシェルビーから、奴隷商人に売り渡され、過酷な労働が待っている深南部に向かう。途中、ミシシッピー河を航行中の蒸気船から少女エヴァが転落。トムが飛び込み彼女を救出。父親のセントクレアは、奴隷商人からトムを買い取り、ニューオルリンズ近郊の農園で楽な仕事に着かせる。それは、セントクレアが、ニューイングランドのヴァーモント州に出かけ、従姉妹のミス・オッフェリアを娘のエヴァの家庭教師として向かいいれる旅の帰路における出会いであった。

父親以外でエヴァが信頼している話し相手は、トムと黒人少女のトプシーであった。セントクレアがレストラン経営者から買い取ったトプシーは常道を逸脱した、手に負えない野生児であったが、エヴァにだけは開襟していた。

責任感や倫理観が欠如している、セントクレアの妻、マリーに取って代わるかのように、オッフェリアは、ニューイングランドで育まれてきた厳格な基準に照らして、黒人女性料理長の気まぐれと独断が支配していた台所の改革を行う。オッフェリアが理想とする台所とは秩序のメタファーであり、南部に見る混沌のアンチテーゼでもある。エヴァが病死したあと、オッフェリアが専念するトプシーの教育は、厳格なカルヴィニズムが基盤になっていた。

> ミス・オッフェリアの教育理念は、彼女の他のすべての価値観同様に、妥協の余地を認めないものであった。それと似かよった発想は、一世紀前のニューイングランドでは広く認められていたし、また鉄道が通っていないような僻地では、今日でもいまだに健在である。(*UTC*, 210) 人から話しかけられたら、速やかに対応することや、「公教要理や縫い物や読み書きを教え、うそをついた場合は鞭でたたくこと」(UTC, 210) が彼女の教育方針の要となっていた。

小物を盗み、率直には自分の非を認めないトプシーを鞭で打つことの許可を、彼女がセントクレアに求めると、

> 君の勝手だが、それにはちょっとしたコツが必要だ。あの子は以前の主人からは、火かき棒、シャベル、トングといったあらゆるもので、たたかれ、打ちのめされてきたので、鞭も中途半端に使った

ならば何の効果も期待できないだろう。(*UTC*, 214)

そのようなトプシーの教育は頓挫しかけたが、オッフェリアは日曜ごとの公教要理のレッスンに熱を入れ、成果をあげることができたが、それは「トプシーが言語の記憶力に秀でていて、教える側には生きがいとなったからである。」(*UTC*, 217)

それでも二人の間には、多くの隔たりが見られるが、そのような相違は、「白と黒、自由人と奴隷という対比ではなく、厳格な規範に対する規範そのものの欠如、あるいは理論武装した大人に対する反抗的な子どもという図式」(*Adams*, 31) とも受け取れる。作者ストウ夫人の分身でもあるオッフェリアは、教育と同時に、腐敗した南部の改革を台所から着手していった。

それでも、彼女が常に正しいわけではない。「理論上は奴隷制度に反対しているが、彼女は黒人との触れ合いには嫌悪しており、その克服にはしばらくの時間が必要であった。それは、トムの膝の上に座っているトプシーを見て、〝許せない〟と抗議したからである。」(*Donovan*, 83) セントクレアは、南部白人は北部白人ほどは黒人との触れ合いには違和感を感じない旨を彼女に伝えながら、北部人の偽善ぶりを指摘する。「彼らは、黒人奴隷の虐待は非難するが、その一方で自分たちは直接の関わり合いを避け、黒人を自分たちの視覚や臭覚から遠ざけることを得策だと思っている。」(*Donovan*, 83) この小説の出版の約五年前に、一部の解放奴隷をアフリカに送り帰す試みが実現され、それが今日のリベリア共和国の基盤となる。

セントクレアは、街角でのけんかの仲裁に入り刺殺される。妻のマリーは生前の夫との約束を反故にし、解放する代わりにトムを過酷なサイモン・レグリー農場に売り払う。トプシーは幸いにも、エヴァが生前に促した譲り渡し書のお陰で、ミス・オッフェリアの所有物としてニューイングランドへと旅立っていった。

●「赤い谷の恋歌」●●●

ブレット・ハートの短編、「赤い谷の恋歌」（一八六九年）は、レッド・ガルチというかつてのゴールドラッシュで栄えた小さな町が背景となっている。学校教師のミス・メアリーがとある午後に散歩に出ると、咲き誇るツツジの傍らで、長身の男が酔いつぶれて熟睡していた。ミス・メアリーの口からは、思わず、「獣」という語がもれた。「それは彼女にとって、レッド・ガルチのすべての男性に当てはまる言葉だった。」（*SBH*, 59）ボストンで培われた彼女の規範に照らし合わせれば、白昼での酩酊は許容できない。彼女がつぶやいた「獣」という言葉は、常軌の逸脱を許さない、厳格なカルヴィニズムの姿勢が反映されている。辺境での堕落への侮蔑は、『アンクル・トムの小屋』でミス・オッフェリアが示した南部の退廃振りに対する憤りと近似している。

そのサンディーという名の男を起こしたあと、「家に帰って風呂にでも入ったら」という彼女の言葉に反応し、彼はいきなり服を脱ぎ近くの小川に飛び込んだ。「あら、溺れたら大変」（*SBH*, 60）と言った彼女は、学校に駆け込み、鍵をかけて閉じこもった。

ミス・メアリーは翌日、ボストンの親友に次のような手紙をしたためた。

　ここの共同体の、酩酊している人たちを不快に思ったことはいささかもありません。無論、男性たちのことを言っているのですが、女性に関しては評価の手がかりすらいっこうにつかめません。（*SBH*, 60）

ある日、教卓の花瓶に生けられたツツジが気になったミス・メアリーは、生徒たちに尋ねるが、分からなかった。何者かが窓からのぞく気配があり、追跡すると曲がり角で、決まり悪そうにしている金髪のサンディーが言い訳をしていた。ある日、小川に水汲みに行った二人の男児が、校舎の前で躓き、桶をひっくり返していた。彼らに同情した教師は、自ら水汲みに向かう。途中でサンディーが現れ、彼女の水桶の運搬を手伝ってくれた。

やがて森での野外授業にも加わるようになったサンディーは、ミス・メアリーだけではなく、生徒たちからも好感を持たれていった。また彼は、いままでの生活習慣を悔い改めようとしていた。親に早く先だたれ、おじに引き取られていた彼女と同様に、彼も孤児であることが判明した。

夏休みの長い休暇を前に、彼女が一人で校舎の中で物思いにふけっていたとき、ドアをノックする音が聞こえた。それはある男児の母親で、この質素な女性教師とは対照的に、派手で高価な服装をしていた。母親は息子のトミーに対する教師の誠意に謝意を表明。「あの子は、こんな私にはもったいないくらい、よくできた子です。それも先生のお陰です。どのように感謝したらよいのか、わからないほどです。」(*SBH*, 64)

母親は自分には息子を育てる資格はない、と強調した。「昨年、息子をサンフランシスコの学校に行かせるつもりでしたが、女の先生が赴任なさることを聞き、どんな方かを確かめてから、決めるつもりでした。」(*SBH*, 65) もしも休暇で旅立たれるあなたが、この汚れた私とこの野蛮な町、すなわちこの「恥と悲しみの巣」からトミーを連れ出してくださるならば「先生とあの子のためには、お金に糸目はつけません。」(*SBH*, 65)

あの子を先生同様のまともな人間に教育してほしい、と懇願した母親は次のことを打ち明けた。「あの子の父親の名前はここ何年も口にしたことはありませんでしたが、アレキサンダー・モートンといい、ここではサンディーで知られています。」(*SBH*, 65) それを聞いた教師は、母親の懇願を聞き入れ、その夜、トミーと駅馬車で旅立つ。

女性の社会進出が限られていた、十九世紀後半のアメリカ辺境で、教師と娼婦という対極化した価値観に基づく二つの職業がここでは併置され、さらにトミーの教育という両者が共有できる目的のために融合を果たす。

●『ヴァージニアン』●●●

オーウェン・ウィスターの、『ヴァージニアン』（一九〇二年）の主人公の呼び名には固有名の代わりに、あだ名のヴァージニアンが使われている。ワイオミング準州のサンク・クリークにある牧場のカウボーイである主人公は、雇用主のヘンリー判事の指示を受け、ニューイングランドから赴任する、女性教師モリー・ウッドを出迎えに行く。着任の背景が以下に記されている。

> ベア・クリークの学校がようやく、床も壁も屋根も完成したこと、バラム夫人の友人であるヴァーモント州ベニントン出身の女性が、ひどく突然、ワイオミング州の若い世代を教育する仕事に自分を賭けてみようと決心した。（V, 59）

新任教師の乗った駅馬車が、酩酊した御者のせいで、河の真ん中で立ち往生している場にヴァージニアンが駆けつけ、救出するが、そのあと彼女はハンカチが紛失していることに気づく。彼はそれを彼女との次の出会いに利用する。彼は小学校を卒業して以来、活字とは疎遠であったが、ミス・ウッドに感化され、シェイクスピア、ジェーン・オースティン、ジョージ・エリオットなどを通して、文学に触れる機会を得る。学校の生徒たちに付け加えて、ヴァージニアンも彼女の事実上の「生徒」となっていく。

その間、主人公はヘンリー判事に牧場頭に取り立てられる。ある日、隣接した牧場からの帰路、彼は先住民に襲われ、重傷を負う。彼を捜索していた、ミス・ウッドに助けられ、応急手当を受け、彼女の小屋で回復を待つ。医師も呼ばれ、ヴァージニアンは一命を取り留める。傷の応急手当などは、看護師だけでなく医師の職能にも及ぶ領域でもある。人口希薄な辺境においては、彼女がいままでに修得してきた多様な技能が、専門性のいかんにかかわらず効力を発揮する。

回復したころ、彼の宿敵、トランパスは牛泥棒の頭目として暗躍。ヴァージニアンは二人の牛泥棒を捕獲するが、その一人はかつての友のスティーブであった。西部の掟どおりにスティーブを縛り首にしたヴァージニアンは、後味の悪い思いをする。彼と婚約していた、ミス・ウッドは、ヴァージニアンの判断について疑念を抱き、ヘンリー判事の意見を聞く。

> 南部で黒人を公衆の前で火炙りにすることと、ワイオミングで馬泥棒をひそかに縛り首にすることとの間に、わしは原理の上で何の共通点も見いだすことができんからなのだよ。わしから見ると、火炙りは南部が未だに半野蛮状態にあることの証拠だし、縛り首はワイオミングが文明化しようと決意している証拠なのだ。わしが犯罪者をリンチにする時は、彼らを苦しめたりしない。彼らの断末魔を見て楽しむように見物人を招いたりもしない。（V, 285）

判事の言葉に、一部ではあるが説得されたミス・ウッドは、トランパスとの決闘にかたくなにこだわるヴァージニアンに再度、婚約拒否を主張する。このような女性の姿勢に、レズリー・A・フィードラーは、映画でもしばしば「剽窃」されている『ヴァージニアン』のテーマである「筋道を立てる男性と文明の伝播と維持に固守する女性との葛藤が、映画『真昼の決闘』[1]でも繰り返されている」（*LDAN*, 259－60）事例に触れている。決闘で宿敵を射止めたヴァージニアンをミス・ウッドは許し、二人は結ばれる。

彼女の直系の祖先こそは、彼女の名の元になった名の歴史的な女性モリー・スタークで夫君ジョン・スターク提督は一七七七年のあのベニントンの戦いの活躍によって、後々の世までその名を馳せ、学校でその名を習う少年たちの血を騒がすことになったが、「この戦いに勝たぬ限り、わが妻は今宵未亡人となろう」という名言を残した……（V, 244）

ヴァージニアンは、歴史の浅いアメリカでは、最も由緒ある女性の一人と結婚できたが、彼自身もまた、それに引けをとらない。

自分はヴァージニアのイギリス人の古い家の出で、父親の父親がケンタッキーから連れてきたお祖母ちゃんはスコットランド系アイルランド人です。自分の家はずっと同じ土地に住んでいて、農業と狩猟をして土地を増やすこともなく大変質素に暮らしてきました。昔からジャクソンが率いたニューオルリンズの戦いとか、メキシコ戦争とか、機会があれば戦争に出ましたが、父親と二人の兄は南北戦争の六四年にシェナンドー渓谷で戦死しました。家出は代々息子の一人がすることが多かったのですが、自分の代では自分がそうなりました。（V, 244）

最初の五人の大統領のうち、二代目のジョン・アダムズ以外の四人がヴァージニア出身で四人とも二期（八年）務めた。この三十数年は「ヴァージニア王朝」と呼ばれている。

作者ウィスターは、社会的地位、資産、権力を必ずしも反映することなしに、アメリカで考えられうる最高の、由緒ある家柄をこの二人のために設定したと受け取ることができる。作者はまた、女性教師によるアメリカ発展への寄与も、重視している。

類似した展開を見る、映画『荒野の決闘』(2)でも、クレメンタインという名の東部からやってきた女性は、臨時の看護師の役割を果たし、辺境の町の教師になる抱負を主人公の保安官に伝える。そのような彼女の職域は「赤い谷の恋歌」同様に、酒場女チワワとの対比をなす。文明化を表す彼女はこの映画では、「保安官と手を携えて教会の起工式に向かう場面では、野生と文明の融合が見られ（中略）彼女は、やがて来る文明

による辺境の征服の前段階となる。」(*Grant*, 196)

ミス・モリー・ウッドは、ヴァージニアンに象徴されていた、西部の掟や力の論理に抵抗を示すが、結果として妥協してしまう背景には、彼女の英雄崇拝の姿勢が反映されている。そこには、激動の時代を生き抜いた提督夫人であった彼女の曾祖母の再来をこの女性教師に見ることができる。国作りのドラマは、百年経過した一八八〇年代のフロンティアでも再演されていた。

「あの木」

カトリック作家キャサリーン・アン・ポーターの短編、「あの木」(一九二三年)の男性の主人公は、「どこか気候のよい所で、木の下に横たわりのんびりと詩を書きながら、だらけた生活をすることにあこがれていた。」(CSKAP, 66) ミネソタ州ミネアポリス出身のミリアムとメキシコで同棲していたが、彼女は欲求水準が高く、彼とは口論が絶えなかった。彼が大成するまでは結婚できないと、彼を見放し彼女は帰国する。その間、彼はメキシコの先住民女性と同棲していた。やがて彼がジャーナリストとして出世を果たしたとき、ミリアムは教師をして稼いだ金を、結納金代わりに携えて、ミネソタからメキシコに戻り、彼と正式に結婚する。彼女は彼の書いた詩よりも、ミルトン(3)の作品を愛読していた。潔癖なミリアムはメキシコには「一生の間、不足することとのない量のシーツや絹の下着が詰め込まれた、二百ポンドのトランクをともなってやってきた。」(CSKAP, 74) またダンスをしていると「彼は、彼女の腰は常にきつく張り詰め、膝はかたく閉じられているのを感じていた。」(CSKAP, 75)

願望とは異なり、彼がメキシコでののんびりした生活の中で埋没することがなかったのは、恐らく「彼の中に流れている、保守的で健全なアメリカ中産階級の勤勉さを旨とする先祖の血と、いままでに培われてき

た習性が、ミリアムの側に迎合したからだ。」(*CSKAP*, 77)

この短編の本質は、ロマンティックで気楽な男性と、気難しくピューリタン[4]的な女性との葛藤ではなく、「反目しあう二つの要素をそれぞれの中に混在させることで、この物語のテーマが普遍性を帯びてくることである。」(*TVKAP*, 132)

「だいぶ昔の話になるが、オブレゴン[5]がメキシコ・シティーを占領したころは、街は将軍たちで溢れていた。」(*CSKAP*, 70) そのような時期に、二人はナイトクラブでダンスをしていると、すぐ近くにいた将軍たちの議論が白熱し、一人が立ち上がって拳銃を抜こうとしたが、残りの三人に取り押さえられた。その瞬間、社交ダンスに興じていたメキシコ人女性たちは、銃弾が飛んでくるかもしれない方向に、当然のように男性たちの背をクルリと向けさせた。メキシコ文化の中の男気は、「マチョ」というスペイン語で知られている。男尊女卑の側面がある一方で、緊急時には命をかけて女性を守ることが、男性の役割とされている。

ミリアムには「男性を犠牲にして、自分だけが生き残るといった発想は起こらなかった。」彼は彼女に、弾丸は木製のテーブルを簡単に貫通するが、「人体の胴は羽毛の枕と同じくらい、効果的に弾丸を防ぐ。」(*CSKAP*, 71) と説明するが、彼女にはテーブルの下にもぐりこむこと以外は思いつかなかった。「メキシコ人の娘たちは、生まれながらに心得ている行動を直ちに取ったが、ミリアムは本能などというものは全く機能しないことを証明した。」また彼女は「自分は、男の虚栄心を満足させるために無為に人生を過ごすつもりはない」(*CSKAP*, 71) と言い張った。

彼はミリアムにミネアポリスで初めて出会ったとき以来、五年間で彼女がすっかり変わってしまったのは、教師になったことに原因があると思っている。「彼は教師とはおぞましい職業で、三十五歳以下の美人が、教師になることを法律で禁止すべきであると述べると、彼女はそれで稼いだお金で、二人はいま食べていけ

るのだ、と反論した。」（*CSKAP*, 71）

ある解釈によれば、このジャーナリストが憧れていた、「普遍的な知識を象徴した木の元で過ごす、自由奔放なライフスタイルは、アメリカの風土に根ざしたピューリタニズムの論理とは、折り合いのつかないものであった。」（*UKAP*, 43）さらに別の視点から見れば、

> これは、ボヘミアン風の生活を夢見た男の失敗について、そのような夢の偽りについて、結婚の失敗について、生活もセックスも楽しむことのできない気難しい女性の失敗について、これはまた微妙にしか描かれてはいないが、メキシコ社会革命の失敗についての物語でもある。」（*Eble*, 34）

ミリアムが何を象徴しているかについては、主人公のジャーナリストのモデルとされている、カールトン・ビールズの発言の引用によれば、「われら北方民族を捻じ曲げてしまう、ピューリタン的な、自己抑圧である。」（*TVKAP*, 137）なお、「北方民族」とは、アングロ・サクソンを含む、ゲルマン系およびケルト系を意味すると思われる。

ピューリタンとアメリカの結びつきは、今日でも息づいている。ローマ教皇ベネディクト十六世は、二〇〇八年のアメリカ訪問に際し、アメリカ人の信仰心を評価し、「現在のアメリカ人の中にも、まだピューリタンのDNAが見られ、それに彼は注目している。」（*Time*, 二〇〇八年四月十四日）ピューリタニズムは時代や地域によって、その形態を時には変化させながらも、アメリカ人の信仰を常に牽引し続けている事実を、ローマ教皇は認識していた。

「あの木」では、エキゾティックな異国文化に憧れる、アメリカ人男女が、かたくなな自尊心を抱いてメキシコ社会に突入し、傷ついた自我を通して味わう力の限界が、メキシコ革命という激動の中で、示されている。

●おわりに●●●

『アンクル・トムの小屋』のミス・オッフェリアは、エヴァの教育に専念し深南部に定住していたかもしれないが、エヴァとセントクレアの死により、黒人のトプシーを連れてニューイングランド（ヴァーモント州）へ帰還する。エヴァはあまりにも完璧な存在であり、教育の入り込める余地などなかったのかもしれない。いわばエヴァのアンチテーゼのトプシーこそ、教育者が、奮い立ち全霊を傾ける対象となり得る。「赤い谷の恋歌」のミス・メアリーがトミー少年を連れて向かう目的地もニューイングランド（ボストン）と類推できる。『ヴァージニアン』の主人公と女性教師との葛藤と結婚は、二つの文化の反目と融合を表している。

南北戦争以前の南部や西部の辺境で特徴づけられる行動様式に、精神分析用語のイド（本能的衝動）を当てはめるならば、四作品における女性教師たちが培われてきた、ピューリタニズムの原理は、さしずめスーパーエゴ（超自我あるいは常道を逸脱した振る舞いを監視する無意識自我）にたとえることができるよう。

二十世紀に入ると、「あの木」で分かるように、ピューリタニズムの牙城は、ニューイングランドから中西部へと移動していった。奴隷制度もフロンティアも消滅したあとのアメリカでは、激変する国内外の情勢や、異なる文化圏からの移民などがもたらした多様な価値観により、主人公たちの目的や関心も変化を遂げていった。

注

（1）*High Noon*（一九五二、United Artists）フレッド・ジンネマン監督、ゲイリー・クーパー、グレース・ケリー主演。

（2）*My Darling Clementine*（一九四六、Fox）ジョン・フォード監督、ヘンリー・フォンダ、リンダ・ダーネル、キャシー・ダウンズ主演。

（3）John Milton（一六〇八―七四）英国のピューリタン詩人。主著は『失楽園』（*Paradise Lost*）。

（4）ピューリタニズムは、宗教改革の指導者、ジャン・カルヴァンの厳格な教えに基づく、プロテスタントのいくつかの宗派およびその教義とその実践をさす。

（5）アルバロ・オブレゴン（一八八〇―一九二八）。メキシコ革命の指導者の一人。一九一五年に、パンチョ・ビヤやエミリアノ・サパタよりも早くメキシコ・シティーを占領した。

引証資料（☆本文の日本語訳は、『ヴァージニアン』以外はすべて拙訳によるものである）

Adams, John R. *Harriet Beecher Stowe*. Boston : Twaynes Publishers, 1989.

Eble, Kenneth E. *Katherine Anne Porter*. Boston : Twaynes Publishers, 1994.

Fiedler, Leslie A. *Love and Death in the American Novel*. New York : Stein and Day, 1966.

Donovan, Josephine. *Uncle Tom's Cabin: Evil, Affliction, and Redemptive Love*. Boston : Twaynes Publishers, 1991.

Grant, Barry Keith. "John Ford and James Fenimore Cooper," In Gaylyn Studlor and Matthew Bernstein, eds. *John Ford Made Westerns*. Bloomington : Indiana University Press, 2001.

Harte, Bret. *The Stories by Bret Harte*. New York : Penguin Classics, 1992.

Porter, Katherine Anne. *The Collected Stories of Katherine Anne Porter*. New York: Harvest Press, 1973.
Stowe, Harriet Beecher. *Uncle Tom's Cabin*. New York : Norton and Company, 1993.
Unrue, Darlene Harbour. *Truth and Vision in Katherine Anne Porter's Fiction*. Athens : University of Georgia Press, 1985.
Unrue, Darlene Harbour. *Understanding Katherine Anne Porter*. Columbia : University of South Carolina Press, 1994.
Wister, Owen. *The Virginian*. New York: Harper and Row, 1965（平石貴樹訳『ヴァージニアン』（松柏社、二〇〇七年））。

特殊性の表れ

——鄭清文の小説における歴史、身体、そして妻

紀　大偉

一九九九年、齊邦媛は国際文学賞を受賞した鄭清文の英訳本で、鄭清文は四十年もの間、執筆活動を続け、二〇〇編あまりもの上質な短編小説を書き続けているが、十分に注目されていないと指摘している。[1] 今回、私が台湾の重要な作家である鄭清文の短編小説を取り上げる主な理由の一つには、[2] 最近盛んになってきた障害学（disability studies）によって、鄭清文の作品の重要性を明らかにしたいためである。

台湾文学では、特殊性（particular）の歴史や時期、例えば日本統治期、戒厳令の時期、戒厳令解除後の時期などが研究のポイントとされることが多い。特殊性（particular）と普遍性（universality）との対立とは、特殊と正常、社会的弱者と社会的中心、過剰な反応と無反応という対立でもある。鄭清文の「三脚馬（原題：三腳馬）」という作品は不完全な身体のイメージによって困難な時期[3]を映し出して（反響させて）いるという齊邦媛の英訳本での指摘のように、本稿では、特殊な身体（人々を驚かせる正常ではない身体）によって特殊な歴史を表現していることを指摘しようとするものである。本稿は、鄭清文の小説を通じ、特殊な歴史ももちろん関心を寄せられるべきものではあるが、特殊な歴史を可視化した特殊な身体も「公平で妥当」な

注意力を向けられるべきであることを強調していく。また鄭清文の小説では、特殊な歴史と特殊な身体を表す過程で特殊なジェンダーの役割、つまりテクストでの妻に重きをおく。まさにその妻という特殊なジェンダーの役割があるからこそ、歴史と身体の特殊性が強く可視化されるのである。本稿は、台湾文学研究での障害学の発展に際し、特殊性と普遍性の複雑な関係も踏まえている。それぞれの特殊性は、一つの普遍性に対応しているわけではなく、他の特殊性とも相互的な関係を持っているのである。話し言葉を比べてみれば、ある種の弱者ごとに一つの中心的概念が呼応しているわけではなく、他のさまざまな弱者と交錯しているのである。

身体を通じた歴史の表現とは、身体を比喩として使うということである。例えば、作品に病気になった人体が登場することで、読者に病んだ時代を連想させるといったものである（時代が病んでいるという言い方は、時代を擬人化したもので、擬人化はよく使われる比喩法の一つである）。身体と比喩の関係を論じる際、台湾で以前から高く評価されているスーザン・ソンタグの『隠喩としての病い』での主張は、やはり示唆的な意味を持っている。(4)彼女は私たちが病いを誤解していると抗議する。なぜなら私たちは病いへの認識に比喩を組み込んでおり、比喩は添加物のように病い本来の意味合いを変えてしまうからである。だが、ソンタグはさらに深く論じている。まず第一に、彼女は病いと比喩はおそらくは切り離しがたいものとする観点を挙げている。アメリカのきわめて重要なフェミニズムの研究者ナオミ・ショアーは、自分の視覚障害に気づいた後、「ブラインドネスとメタファー」という文章で、ソンタグの観点に共鳴しつつ、隠喩は文学にとって必要悪であり、文学研究者にとっては切り捨てられないものだと述べる。(5)二つ目として、ソンタグは、病いは隠喩として用いられ、よく隠喩になるだけでなく、反対に外側に伸張し、外部の物の意味を説明するようになると言う。例えば、テクストが示す身体の傷や痛みは、歴史の傷や痛みの表現として読まれる。その結果、読者は病いと隠喩のつながりを切り離せなくなるだけでなく、逆に多くの意味を身体の病苦の中に読み取り、より多くの意味を身体の病苦から他の方向へと見出していくのである。隠喩の過程では、ある種の課題はより多くの注意力が向けられ（例えば歴史の傷）、その一方で隠喩の働きを提供するモチーフ（例えば傷ついた身体）は、相対的に見逃されてしまいがちである。まさにだからこそ、私は研究の焦点を病いに苦しむ身体の外の課題ではなく、苦しんでいる身体そのものに戻したいのである。これらの作品を障害学──現行の研究領域において、新しい障害学は病いに苦しむ身体を最も重視するものの一つ──の領域で論じようと思う。

台湾の文学研究や台湾文学の研究において、障害学の先行研究はそれほど多くはない。実際、障害の表現によって著名な台湾文学作品は──ちょっと考えてみても──あまり多くはないようである。そこで、台湾文学での障害学の初歩的な仕事として、当然どのような文学作品が心身障害を表現しているかを確認しなければならないと考え、今回、台湾の重要な作家を見直した結果、鄭清文の小説に苦しんでいる多くの身体が表現されていることに気づき、本稿では彼の作品を扱うことにしたのである。鄭清文の最も有名な短編小説の一つ「三脚馬」（一九七九年）は、障害を持つ動物の木彫りを作品全体の中心的なシンボルとしている。「あさり船（原題：蛤仔船）」（一九八九年）の主人公は、障害があり歩き方が健常者と違うため、人にまるで「あさり船」を漕いでいるようだと嘲笑される人物を描いている。「緞帯花」（一九七八年）の主人公はふくらはぎにガンができ切断し「障害者」（主人公は小説の中で「残廃」（差別的なニュアンスの中国語）という言葉を使っている）。「双子姉妹（原題：孿生姐妹）」（一九六九年）では、双子のうちの一人が小児マヒで障害者（テクストでは「残廃」という言葉を使用）になる。「教師と学生（原題：師生）」（一九八二年）は、教師と学生が同じ女性を愛し、その女性が乳ガンで胸を切除する話である。中編小説『結（原題：結）』（一九七九年）には、交通事故で脾臓を摘出された人物が登場する。こうした身体を持った人々は、いずれも小説の主要な人物であり、決して脇役ではない（『結』と「三脚馬」以外）。こうした特殊な身体は、小説のストーリーを主導するのである（『結』と「三脚馬」以外）。

これらのテクストは、いずれも障害学から論じることができるように思われるが、障害学というこの分野の「適用性」（adaptability）という問題があると思われるため、まずそれを論じておきたい。一、「心身障害」は新しい言葉である。台湾では一九九七年四月二十三日にやっと『残障福利法』が『心身障害者保護法』と改名されたからである。もしそれ以前に遡り（一九九七年より前に発表された）鄭清文の小説を心身障害のテクストとすれば、必ずやそれらに本来そこになかった新たな意味を付け加えることになるし、新しい言葉はまた時代の違いを含む古いものを含んではいない。本稿と私の今後の研究では、当然ながら新しい言葉と古い作品の間の相違を心に留めつつ、心身障害というこの言葉の限界に注意していかなければならないだろう。二、心身障害者は実際には身体に難を受けた人とまったく同じというわけではない。ソンタグが関心を寄せるガン患者とエイズ患者は現在、心身障害者とは見られていないが、これらの患者は心身障害者との人生経験において相通じるものがある。この両者の間の空間は、断層というよりは連続体（continuum）というべきであろう。だからこそ、私は「弱者的身体」（minor corporeality）という概念を掲げたい。この連続体は、身体障害者の身体、患者の身体、そしてその他社会の中心から見過ごされ弾圧された身体を含むものである。

上で指摘した適用性の問題は、障害学の弱点というよりは、思考を呼び込んでくれる強みだと言うべきだろう。まさに適用性に限界があり、すべてを対象にするわけではないからこそ、障害学は特殊性があり普遍性を持つふりができないのである。特殊性（そして差異性）を認め普遍性に疑問を持つことが、障害学の基本的な理念なのである。普遍性を持つと考えられている歴史、身体、性別的位置は、決して本当の意味での普遍性はない——いわゆる大きな歴史、健康な身体、当たり前で標記する必要のない性別（つまり男性）はいずれもそれぞれの特殊性がありながら、それが普遍的だとされており、社会が他者をはかる基準とされているのである。アメリカの障害学の重要な研究者であるローズマリー・ガーランド・トムソン（Rosemarie Garland Thomson）の代表作『特異な身体』（Extraordinary Bodies）では「ノーメイト（normate、心身健康者）」という新しい造語を出しており、[6]この言葉で心身障害者とのコントラストをつくり出している。社会の中心が健全心身主義のイデオロギーを持ち、どの人も心身ともに健全な心身健康者を設定しており、心身障害者を見ると、意味もなく驚き、他者と見なし、チェックし、治そうとしたり、見ないふりをするのである。

アメリカのイリノイ大学シカゴ校は障害学で名を馳せている。同大学の研究者は、障害学は社会のメジャーに対応した策略の一つで、この普遍化した心身健全主義社会に矛先を向けるもので、心身健全主義社会こそが障害者に障害をもたらす源であると指摘している。[7]台湾でも、心身障害者の障害は身障者の身の上だけではなく、社会の中心にもあると感じている論者もいる。[8]心身障害者のパフォーマンスを十年あまりにもわたり推進している「新舞台」の館長辜懐群は、社会が心身障害の芸術家に障害をもたらしていると強調する。[9]このため障害研究もまた——あるいはだからこそ——すべての人を覆っているこの社会の主流について考えなければならないのだ。

先ほど述べたように、私は心身障害は何にでもあてはめられるわけではなく、「弱者の身体」という概念で心身障害を補うべきだと思っている。だが、私は、弱者の身体という概念によって心身障害という不完全なジャンルをより完璧にしようとしているわけではない——この完璧を求める概念は、障害学が不完全を認め、受け入れようとする基本理念に背くものである。弱者の身体という言葉を使う理由は三つある。一、身体的差異がありながら分類しにくい人（例えば病人）をも論じたい。二、弱者と中心のコントラストを際立たせたい。三、身体研究を再考察したい、なぜなら身体研究の中心的な課題は障害学の前身だと見なされているためである。[10] 弱者の身体は新しい概念ではないが、身体研究の重要な課題である。私が心身障害の傍らで弱者の身体を論じるのは、実際には障害学と身体研究の間の既存の関連性を改めて強調したいからなのである。

本稿では、鄭清文の「三脚馬」と「あさり船」を論じる。この二つの小説の発表時期の間には、十年もの年月があるが、似通った部分はきわめて多い。最も明らかなものの一つは、「三脚馬」（一九七九年）の「反英雄」（陳芳明の言葉[11]）が「あさり船」（一九八九年）でも再び登場させられ、「あさり船」の英雄の死を決定づけている。「三脚馬」の吉祥という登場人物は、日本統治時代の台湾人警察であり、特に同じ台湾人に対し厳しい。日本統治期が終わった後、吉祥は台湾人の中で居場所を失い、隠遁して彫刻をするしかなくなる。彼が特に好んで彫るのは「殘廢的馬」「跛腳馬」であった（いずれも本文中の言葉）。「あさり船」では、吉祥という日本統治期の台湾人警察官が主人公有福師の生活の中に突然現れ、有福師の一生を終わらせる。前者は、吉祥は日本人の警察官が犯人を水責めにするのを見て、警察官になる決意をする。後者において吉祥は日本人警察官が有福師に刑罰を加えるのを待っており、その後まもなく有福師はこの世を去る。この二つの小説の吉祥という登場人物が同一人物かどうかはさておき、二つの小説ではいずれも日本統治期の身体を傷つける刑罰が描かれ、(1)この二作はいずれも振り返ることのできない日本統治期の歴史を表現している、(2)二作とも見るに耐えない障害のある体を表現している、という二つの特色を見せる。

「あさり船」は、「三脚馬」の十年後に発表された作品だが、私は以下、まず「あさり船」を論じ、その後で「三脚馬」を論じたい。これは「あさり船」が明確に心身障害の身体を表現しており、「三脚馬」は比較的あいまいだからである。「あさり船」が表す身体は、比較的、障害学として論じやすいが、「三脚馬」が表す身体は分類しにくく、より多くの時間と紙幅を割いて論じる必要があるのである。

「あさり船」の主人公有福師は、日本統治期、有力な人物の機嫌を損ねてしまったため、足の筋を切られ、走行が不自由になってしまう。彼は歩くとき、健常者との身体的差異を見せ（手足の動かし方が健常者と違う）、さんざん笑い者にされ、まるでカヌーのようなあさり船をこいでいるようだと嘲笑される。日本の警察官（つまり先ほど述べた台湾人警察官吉祥）は、多くの人の前で有福師の妻を侮辱し、有福師がその場に駆けつける。その姿はまるで「あさり船をすばやくこぐよう」（小説の比喩）だと嘲笑されるのだ（「あんなにはやい『あさり船』は見たことがないって誰かが言ってたよ」）。結局、有福師は移送された拘置所で重い刑罰を受け、腎臓病を患って病死してしまう。その後、有福の妻は悲しみのあまり食を断ち、後を追う。その亡骸はまるで乾燥しきった切干大根（テクストの比喩）のようであった。

この小説は、まるで障害学で言うところのフリーク・ショー（freak show）[12]、つまり障害者がサーカスの演目として行われる小人や手足のない人魚などのパフォーマンスのようである。これらの奇形の身体（私はここで奇形という言葉で特殊性を示しているが、特に蔑視的な意味はない）は、一つの奇形の（特殊な）時代――日本統治期――に対応している。有福師とその妻が苦難を受けたのは、彼らが日本統治期の既得権利者――それは日本人ではなく、日本人に奉仕している台湾人なのだが――の怒りに触れたから、有福師が足の筋を切られるのは、彼が台湾人の保正の娘との結婚を拒んだからである。保正の娘は日本人は進んでおり、台湾人は遅れていると言い切っている[13]。有福師の妻が市場で難を受けたのは、彼女がそこで台湾人の警察官に出会ったからで、台湾人警察官は日本人の警察官よりずっと厳しい[14]。この作品では奇形の時代の二種類の奇形の人が描かれているのである。一つ目は有福師とその妻で、彼らは奇形の身体で苦しんでいるが、小説では英雄的な人物となっている。二つ目は、保正の娘と台湾人警察で、彼らは身体は正常でありながら、悪人として描かれる。小説のコンテクストから見れば、彼らは精神的な奇形の人間であると言えるのである。「あさり船」はこの二組の奇形の人物を表現することで、その時代の悲しみや時代への批判を表しているのであろう。

こうした読み方は、日本統治期の既得利権者の社会的弱者に対する迫害を際立たせたものだが、それだけではまだ物足りない。私が強調したいのは、有福師が日本の植民体制の圧迫を受けながら、また一方では心身健全主義のイデオロギーの蔑視を受けているという点である。身障者である有福師の身体は揺れながら街をゆき、人々に嘲笑される。だが、彼を嘲笑するこうした人々は日本人でもなく、日本に忠実な一部の台湾人でもなく、平凡な台湾の民衆である。つまり心身健全主義の暴力は日本の植民体制の外に独立して存在しており、それを統治者のせいにすることはできないのである。語り手「私」は、ある老秀才が有福師に「何をいきがってるんだ?『あさり船』みたいなくせに。恥知らずが、よく街をふらふら歩けるもんだ!」[15]と言い捨てる。ここから多くの人が――「私」も含め――「あさり船」というあだ名で有福師を呼ぶようになる。だが、「私」の父は「あさり船」という言葉の差別を感じ、「私」が人に対して「あさり船」という言葉を使うことを禁ずる。

老秀才が有福師をからかい「あさり船」と名づけたこの場面は、アルチュセールが「イデオロギーとイデオロギー的国家装置」(Ideology and Ideological State Apparatuses)で描いた呼びかけ(interpellation)のシーンによく似ている。これは、ある人が道を歩いている時に警察に呼びかけられ、それによってやっと彼が一個の主体となるというエピソードである。[16]しかし、有福師にとって、彼に呼びかける力は国家装置(その代表は警察）ではなく、身体の差異を嘲笑する健全心身主義のイデオロギー（ableist ideology、その代表は老秀才から平凡な子どもたちまで）なのである。アルチュセールの場面では、呼びかけられる主体は蔑視されることはない。だが、呼びかけられた有福師は、差別された者と差別する者の違いを体験するのである。

有福師は友好的な声に呼びかけられるだけではなく、友好的に見える視線にもからめとられている。健全心身主義イデオロギーの、心身障害者への態度はあいまいである。笑いやののしりでは有福師の障害をからうが、視線では舐めまわすように熱心に見つめる。子どもである語り手「私」は「（私は）時には視線をこっそり彼（有福師）の足に向け」「彼（有福師）に彼の足を盗み見ていることが気付かれるのが怖かった」と語る。「私」は、有福師を「あさり船」と呼ぶのはやめられるが、有福師の障害のある身体への好奇心を抑えることはできない。たとえ「私」の好奇心がまったく悪意のないものでも、「私」の好奇の目は有福師の奇形性を強調し続ける。ののしりで有福師の身体の差異は侮辱の烙印として読まれ、猟奇的な視線によって彼の身体の烙印は強められ、人々は彼を見ることをやめられず、烙印をそのままそこに押しとどめてしまうのである。

私のこの「烙印」に対する理解は、台湾の日常的な言語習慣での用い方とは異なっており、社会学者のアーヴィング・ゴッフマン（Erving Goffman）から示唆を受けたものである。ゴッフマンは『スティグマの社会学―烙印を押されたアイデンティティ』（Stigma : Notes on the Management of Spoiled Identity）で、社会は常に何らかの人間としての資格を標榜し崇めており、資格に合わない人は他の人より一段劣るものとされ、コンプレックスと社会からの排斥に向き合わなければならなくなると指摘している。[17]『スティグマの社会学』には多くの心身障害のケースが含まれており、障害学の先鞭をつけたカノンと見なされている。[18]この本では、烙印を押された人はさまざまな方法でそれをなくそうとし、少しでもおだやかにこの社会で生きられるようになりたいと願うと述べられている。「あさり船」では、特殊な時代、特殊な身体の烙印をなくす方法がいくつか示されている。例えば、通りで人にののしられても平気なそぶりをし、「私」と話すとき、「私」に不自由な足を見つめられても何とも思っていないふりをする。だが私が特に論じたい対処法は、烙印をなくす方法を特殊なジェンダー的役割にある妻に仕向けることである。

有福師と有福師の妻には苦しくとも人生を共にしたいと考えるが、二人は対照的である。明らかなコントラストは、有福師は障害者だが、絶食する有福師の妻はそうではないことである。だが、私がここで強調したいのはもう一つの隠されたコントラスト、つまり有福師は受難を受けても誰も恨まないが、その妻はいつも恨み事を口にしている点である。彼女は自分自身を嘆いているのかもしれないが、主に夫のつらさに不満を抱く。ゆえに、この夫婦の間には一種の「性別役割分業」(gendered division of labor) があると言える。つまり、心身障害の男性はあまり悩みや苦しみを口にせず、その妻が代わりに「ネガティブな感情」(negative affect) を発露する役割を担っているのである。有福師の妻がうらみつらみを口にすることで、有福師の苦しみが際立ち、それによって特殊な時代の苦難が明らかにされる。ここでは特に妻が分担する性別役割分業が、ジェンダー研究の新旧の研究成果によって触発されたものであることを強調しておきたい。それは、ジェンダー研究において、一方では女性がスケープゴートになること[19]、つまり男の罪を女が負わされる状況に関心が寄せられ、また一方で、最近ではネガティブな感情を表す力に対しても関心が注目されていることで[20]ある。「悲しみを力に」という言葉は、悲しみそのものが力なのではなく、無益で有害でさえあることを示している。だが、ネガティブな感情の論述では、悲しみといったネガティブな感情は重視されている。「悲しみこそ力」――この力とは、有福師の妻が「あさり船」でしている主な貢献なのである。「あさり船」では、特殊な身体が特殊な歴史と時代を比喩しているが、特殊なジェンダーの役割は不平の声を強くあげ、特殊な身体の代わりに悲しみを示す。この小説における身体／歴史／ジェンダーという三つの相互に支え合う関係は、実際にはこの作品より前に発表された「三脚馬」ですでに具現している。だが「三脚馬」が示す身体／歴史／ジェンダーの関係はそう簡単には捉えられない。なぜなら小説の主人公吉祥は自分の特殊な身体を特殊でない身体にしようと努力し、自分が特殊な時代において被害者ではなく加害者的役割を演じようとしているからである。つまり、有福師は苦しい人生を操作する（maneuver）余地はないが、吉祥は常に自分の人生を操る余地を探し続けている——ので、吉祥の物語を論じることは、多少難しいものとなるのである。

先ほど私は障害学という分野の適用性には限界があると述べたが、その適用性の限界は反対に私たちに特殊性と差異性への承認、普遍性への懐疑を気づかせてくれる。「三脚馬」という小説は障害学にとって厄介である。なぜならそのタイトルは身体の障害（木彫りの馬）を標榜し、テクストには障害のある身体のイメージにあふれている（木彫りの馬と傷ついて捕えられた動物）が、小説では心身障害の人物を表しているわけではないからである——主人公の吉祥は鼻に白いしみがあり、烙印を押されて排斥されるが、本人は障害を持っているわけではない。もともと「三脚馬」という身体障害は隠喩的（metaphorical）なのであって、直接的に（literal）表現されているわけではないのだ。具体的な心身障害者のいない小説を障害学で扱うことは、確かに疑問である。

この疑問に対し、私は二、三述べたい。(1)これまで私は、障害学という領域はその制限があるが、弱者の身体という系譜は比較的融通がきき、なおかつ障害学を補う分野である。吉祥は、心身障害者とは言えないが、彼は確かに社会の中心から排斥される弱者的身体を有している。(2)障害学のポイントは、心身障害の身体にのみあるわけではなく、心身障害の身体をめぐる心身健全主義の社会の中心にある。前に述べたように、アメリカの障害学の歴史を見れば、研究者は戦略的にポイントを社会の中心におき、早くから過度に分析されてきた障害のある身体にはおいていない研究者もいる。吉祥もこうした心身健全主義の社会の中心から排斥され、障害のある身体は有していないものの、心身障害を弾圧する体制に加わったことがある。(3)小説には動物のイメージが多く出現する。動物のイメージは、吉祥を定義するだけではなく――彼は「白鼻狸」とからかわれ、「三つ足」(畜生)とののしられ、日本統治期の統治者(四足、すなわち犬)、そして統治される大衆(日本統治期はシカ、戦後は猛虎)を比喩している。登場人物を動物にたとえるのはよく見られる文学的技法であるが、こうした擬畜化(擬人化の反対)はまさに障害学が扱ってきた比喩でもあるのである。[21]

「三脚馬」の物語は、吉祥が押された烙印をめぐる歴史である。日本統治期に生まれた台湾人の吉祥は、生まれつき鼻に白いしみがあり「白鼻狸」とからかわれる。鼻の白いしみが彼に烙印を押し、いじめを受けるのである。彼は「人は二種類に分けられる。一つは他人をいじめる人間、もう一つはいじめられる人間だ[22]」と実感する。そこで、彼は日本警察の体系に入っていく。戦後、かつて日本警察官として台湾人を苦しめてきた吉祥は、台湾人の間で居場所を失い、隠居して木彫りをするしかない。彼は木彫り収集を楽しみとする「私」とたまたま出会い、三十年前の古い記憶を「私」に語って聞かせる。吉祥は心身障害者ではないが、彼は少なくとも二つの烙印を押されている。一つは身体の烙印である。鼻の上に白いしみがあり、人より劣っており、仲間はずれにされること。二つ目は歴史の烙印である。昔、日本警察官であった身分で彼は排斥され、彼は人々を避け隠遁せざるを得なくなるのである。

「三脚馬」での歴史の傷の困難さの表現は、テクストで表現されていないわけではない。問題は、テクストでは歴史を表現しているが、予期された読者がそれを受け入れるとは限らない点である。小説の語り手「私」の観察によると、主人公吉祥が情熱を示す二種類の仕事は、一つは木彫りであり、もう一つは回想である。

木彫りの仕事は、理想的な動物のイメージを示し、回想とは適切に歴史の記憶を表現しようとするものである。だが吉祥はこの二つの面での表現はいずれも思い通りにはならない。彼は腕のある職人ではないと見なされ、標準的な馬ではなく奇形のものばかり彫っていると買い手に思われてしまうのである。彼が彫った木彫りは、また彼が表現しようとする回想を比喩している（「あさり船」の有福師の仕事も買い手に文句を言われる木彫り職人だという点に注意されたい）。彼は、自分勝手な言葉、独りよがりな態度で、三十年前の日本統治期の境遇を話す。戦後の聞き手にとっては、彼が語る記憶もまた奇形なのである。

吉祥は語り手「私」と初めて会ったとき、「私」に自分がどんな人間か言ってみろと何度も求める。だが、「私」の試みはいずれも失敗に終わる。(1)吉祥は「私」に彼が誰か言ってみろというが、「私」は名前を知らない。彼は、ただ自分の白い鼻の頭を指し、自分で彼のあだ名は「白鼻狸」という悪人だと言い放つしかない。(2)吉祥は妻玉蘭の写真を「私」に見せるが、「私」はやはりそれが誰か分からない。(3)吉祥はさらに彼が初めて撮った写真を見せる。その写真では白いしみは写真屋に修正されているため、「私」は写真の人物が吉祥であることに気づけない。この三度の確認は、実際には吉祥がつらい記憶を開くかぎとなる。(1)吉祥には烙印である「白いしみ」があり、彼の日本統治期の出来事を決定づける。(2)彼が烙印を管理する方法の一つは、それを消し、変えてしまうことである。(3)彼の烙印を管理する方法の二つ目は、妻に慰めてもらうことである。吉祥は「私」に三度、確認を求めるが、「私」がいずれも失敗するのは、「私」が吉祥のつらい記憶を開くかぎを得ていないのと同じである。だが、吉祥はそれでも歴史の門を開き、「私」がそれを分かるかどうかにかまわず、幼い頃から大人になるまでの人生を「私」に語って聞かせるのである。

上述の三つの確認動作によって、年表のような吉祥の人生はおおまかに整理される。(1)白鼻狸というあだ名は彼に一生ついて回り、捕えられ足を切断された動物と関連づけられる。彼の幼い頃の友達はこうした傷ついた動物を見ると、すぐ吉祥の鼻を指し、おまえも白鼻狸だと言う。同じようなネーミングの場面は「あさり船」にも出てくる。民衆は行動の不便な有福師を見ると、彼を「あさり船」と呼ぶのである。この二つの名づけの場面では、心身健全主義のイデオロギーはアルチュセールの描いた警察の場面を引き合いに出すまでもなく、平凡な子どもたちが身体の差異のある主体に呼びかけるだけで、その主体の身体上の烙印に気づかされてしまうのである。

(2)その烙印は吉祥には耐えがたいものだったが、彼は烙印を管理するチャンスをつかむ。日本の警察に憧れを抱く前、彼は拘置所の内と外を分ける木の格子の前に立ち、格子の中の犯人がかごのネズミのように苦しみ、格子の外にいる彼は鼻が白いからと言って拘置されている人間に笑われることはないと気づく。この瞬間、捕えられ傷ついた動物は人を比喩するものであって、彼を比喩するものではない。つまり、格子の中の人間は特殊性（particularity）を負うているが、格子の外の人間は特殊性を免れ、普通の人と同じ普遍性（universality）を得られるのである。彼は、格子の長所に気づく。それは、彼が格子の外にいて日本警察の側にいれば、彼の白鼻（特殊性）は消えたも同然になるのである。こうして彼が日本警察側につくことが完全に正当化されていく。そして、格子を無限に（社会全体にまで）拡大すれば、彼の白鼻という汚名は無限に縮小していくのである。テクストでのいじめられる人間といじめる人間（烙印を押される者といわゆる普通の人）の区分は少なくとも三種類ある。一、白鼻の人間と正常な顔の人間の違い、二、拘置所の内と外の人間、三、台湾人と日本人の差である。「台湾人」は烙印の身分とは限らないが、日本統治期、吉祥――そして「あさり船」の保正の娘と台湾人の日本警察――には烙印と見なされている。なぜなら彼は、台湾人は日本人より劣っていると考えているからである。一生を烙印を消すことに努力してきた吉祥は、写真を修整し、白鼻の人間と「境界」（passing）をつくり、普通の人（特殊な人間から普通の人への変化）の顔となり、拘置所の外にいて拘置所の中に「越境」すること（普通の人から特殊な人への変化）はしない。同じく、彼は台湾人の身分から、皇民化の過程によって、境界を越え日本人となる（再び特殊な人から普通の人となる）のである。こうした三つの区分の中で、烙印を押された人物は特殊性を持ち、いわゆる正常で理想的な人間は普遍性を有しているのである。

(3)吉祥の烙印を管理する人生の主な方法の一つとは、妻に対して慰めを求めることである——私のポイントは妻が慰めを提供できるかどうかではなく、彼が「妻に対して」求めることが習慣となっているという点である。女は、小説の中で便利な他者となっており、永遠におとなしく吉祥のそばにいる。吉祥は、人生の危機を迎えると、そのプレッシャーを女に押しつけるのだ。テクストでは、少なくとも三つの例が女の便利さを示している。一、妻が夫の代わりに終わったばかりの日本統治期のことを謝罪する。戦後、台湾人は次々と日本時代、日本の側にいた人間にうさを晴らそうとするが、身を隠している吉祥を探し出すことができず、その妻を呼び出し、吉祥の代わりに日本統治期の行いについて民衆に謝罪しろと迫るのである。戦後、人々が昔のうさを晴らそうとするとき、吉祥は「彼女（妻）は弱い女であり、私に代わってそれを引き受けることは、民族の在任の重責を担うことになる。民衆は彼女をののしり、彼女は民衆に許しを乞う。だがそれは彼女自身のためではない（吉祥のためなのだ）」と考える。[23] 二、妻は夫に代わってすでに終結して三十年にもなる日本統治期の罪を担う。テクスト全体を貫く足のふぞろいな馬の木彫りは、つらさと悔恨を象徴している。だが、それは誰のつらさと悔恨なのか？　馬は誰を意味しているのか？　吉祥の「私」に「（夢の中で）私は彼女（妻）が、私の前にひざまずき泣いている夢を見た。……朝、私は起き……ひたすら馬を彫った。それが君の手にあるそれだよ。」と説明する。[24] つまり、足のふぞろいな馬は吉祥ではなく、吉祥に謝らされた妻の象徴なのである。ひざまずき泣いているのは吉祥ではなく、妻なのである。この二つ目の例はあるいは意外かもしれないが、この例は実際には一つ目の例のバリエーションである。悔いがある場合、妻が夫に代わってそれを担うのである。三、妻が夫に代わって日本統治期のアイデンティティーに対する迷いを引き受ける。日本統治期、吉祥は皇民化に身を投じたが、彼は葛藤するのは自分ではなく妻だと思い込んでいる――説得されるのは自分ではなく、妻だと考えているのである。例えば、妻に日本式の結婚式をするよう説得する場面で、彼は日本式の結婚式は女性側が受け入れられない、説得が必要だが、男性側（吉祥の両親）は意見がなく、非常に説得しやすいと言う。[25]しかしその後、実際に日本式の結婚式を受け入れられなかったのは彼自身の父親だということが明らかになるのである。[26]日本統治期、そして日本統治期の三十年間、妻は吉祥に代わって心身の苦難を引き受け、吉祥自身には何事もない。妻がいなければ、彼は歴史の痛みを振り返ることすらできなかったかもしれない。

吉祥は「私」に、昔の生活は悪夢だったと強調する。吉祥が「私」に心を開き話をする過程は、まるでフロイトの言う「お話し療法」（talking cure）のようだが、ただ「私」は夢分析をすることはできない。フロイトは、夢の中のメッセージを「転移」（displacement）と圧縮（condensation）を経たものだから、分析は難しいと述べている。[27]吉祥の悪夢の人生では、痛みは別の場所（例えば妻に預けるなど）に「転移」され、一見無関係なもの（例えば私が思うに足のふぞろいな木彫りの馬）に「圧縮」される。その後、吉祥は象徴的な意味の強い木彫りの馬（吉祥の言葉によると、この木彫りの馬は彼にひざまずいている妻を象徴するもの）を選び、「私」に贈ろうとする。だが「私」はそれを受け取ろうとはしない。[28]「私」がそれを受け取ろうとしない理由が何であれ（吉祥のオーラル・ヒストリーは、「私」が理解できる部分があまりに少ないのか、それとも分かり過ぎるのか？――この点は小説では明らかではない）、この二人のお話し療法は結局、破局してしまう。この二人のお話し療法を有効にしようとするなら、特殊な歴史／身体の姿／性別的位置などの枠組みを座標軸に据え、悪夢をこの座標の体系の中で読み解いていかなければならないだろう。こうすることで、他の痛みのメッセージがいまここに戻ってきて、圧縮されたネガティブな感情が解き放たれていくのではないかと考えるのである。

（横路　啓子訳）

注

（1）Pang-yuan Chi. "Forwoard." *Three-Legged Hourse*. By Cheng Ch'ing-wen. Ed. Pang-yuan Chi. New York : Columbia University Press, 1999. p. ix. この訳本は、一九九九年にアメリカのキリヤマ・環太平洋ブック賞を受賞した。

（2）鄭清文の台湾文学での重要性は以下のいくつかの出版物からその一端が垣間見られる。一、彼の小説の英語の訳本が出版され賞を得ている。二、台北麦田出版社から一九九八年に鄭清文短編小説全集六巻（齊邦媛など七人の重要な研究者の評論を収録）および別巻一冊が出版された。三、江宝釵と林鎮山の編集による『樹的見證・鄭清文文学論集』（台北・麦田、二〇〇七年）が出版され、鄭清文の作品が「カノン化」（江宝釵「聖塔芭芭拉夜未眠—『鄭清文文学論集』編集者序」、xiv）されようとしている。

（3）Chi, p. xii.

（4）中国語訳本は蘇珊・桑塔格『疾病的隠喩』（台北・大田、二〇〇八年）。

（5）Naomi Schor. "Blindness as Metaphor." *differences* 11（Jan 1999）76－105.

（6）Rosemarie Garland Thomson. Extraordinary Bodies: Figuring Physical Disability in American Culture and Literature. New York : Columbia University Press, 1997. p.8.

（7）Sharon L. Snyder and David T. Mitchell. "Re-engaging the Body : Disability Studies and the Resistance to Embodiment." *Public Culture* 13 : 3（2001）367－390. p. 368, 370.

（8）幸懐群「從滿載、道歸零、結論是「感恩」」、汪其楣編『歸零與無限・台灣特殊藝術金講義』（台北・国立台北芸術大学與聯合文学、二〇一〇年）八三頁。

（9）同右。

（10）Snyder and Mitchell. p. 375.

（11）陳芳明「英雄與反英雄崇拜」『鄭清文短篇小説全集三：三腳馬』（台北・麦田、一九九八年）、六頁。

（12）アメリカの障害学の研究者はアメリカの歴史において障害者がいかに見世物の中で奇形として扱われ、大衆に見られてきたかを重視している。代表的な文章は Rachel Adams. *Sideshow U.S.A.: Freaks and the American Cultural Imagination*. Chicago : Chicago University Press, 2001.

（13）「あさり船」、一七八頁。

（14）同上、一八五頁。

（15）同上、一八三頁。

（16）Louis Althusser. "Ideology and Ideological State Apparatuses." *Lenin and Philosophy and Other Essays*. Trans. Ben Brewster. New York : Monthly Review, 1971. 127–186.

（17）アーヴィング・ゴッフマンの中国語訳本は以下のとおり。高夫曼（Erving Goffman）著、曾凡慈訳『汚名：管理受損身分的筆記』（Stigma: Notes on the Management of Spoiled Identity）（台北・群学、二〇一〇年）。

（18）ゴッフマンの障害学での重要性は、障害学研究者 Robert McRuer の文章から分かる。Robert McRuer, "Disabling Sex : Notes for a Crip Theory of Sexuality." *GLQ* 17 : 1（2010）111.

（19）女性がスケープゴートになる状況は、ジェンダー研究での先行研究はきわめて多い。例として以下の文章を挙げておく。Andrew Dworkin. *Scapegoat : the Jews, Israel, and Women's Liberation*. New York : Free Press, 2000.

（20）アメリカでのネガティブな感情に関する先行研究はすでに台湾でも翻訳されている。Emily Martin, Christopher Lane, David L. Eng, David Kazanjian, Max Pensky, Heather K. Love, Sedgwick 等著『憂鬱的

文化政治』（台北・蜃樓、二〇一〇年）を参照されたい。

（21）Lennard J. Davis ed. *The Disability Studies Reader*. 3rd Edition. New York : Routledge, 2010, 20, p. 142参照。

（22）「三脚馬」、一八五頁。本稿では、台北・麦田が一九九八年に出版した鄭清文小説全集をテクストとして用いている。

（23）同右、二〇一頁。

（24）同右、二〇五頁。

（25）同右、一九一頁。

（26）同右、二〇一頁。

（27）Sigmund Freud. *The Interpretation of Dreams*. 1900. The Standard Edition 4 : 1-338 ; 5 : 339－625.

（28）「三脚馬」、二〇五頁。

引用文献

江寶釵與林鎮山主編『樹的見證・鄭清文文學論集』（台北・麥田、二〇〇七年）。

陳芳明〈英雄與反英雄崇拜〉『鄭清文短篇小・全集三：三腳馬』（台北・麥田、一九九八年）。

蘇珊、桑塔格『疾病的隱喩』（台北・大田、二〇〇八年）。

愛密麗、馬汀、克里斯多夫、連恩、伍德堯、大衛、卡贊堅、麥克斯、潘斯基、海澀、愛、伊芙、可索夫斯基、賽菊、凱莉、漢彌爾頓等人著『憂鬱的文化政治』（台北・蜃樓、二〇一〇年）。

高夫曼（Erving Goffman）『名：管理受損身分的筆記』（*Stigma: Notes on the Management of Spoiled Identity*）。曾凡慈譯（台北・群學、二〇一〇年）。

辜懷群「從滿載、道歸零、結論是「感恩」」『歸零與無限・台灣特殊藝術金講義』汪其楣編（台北・國立台北藝術大學與聯合文學、二〇一〇年）。

鄭清文「蛤仔船」『鄭清文短篇小・全集五・秋夜』（台北・麥田、一九九八年）。
鄭清文〈三腳馬〉『鄭清文短篇小・全集三腳三腳馬』（台北・麥田、一九九八年）。

Andrew Dworkin. *Scapegoat: the Jews, Israel, and Women's Liberation*. New York: Free Press, 2000.

Lennard J. Davis, ed. *The Disability Studies Reader*. 3rd Edition. New York: Routledge, 2010.

Louis Althusser. "Ideology and Ideological State Apparatuses." *Lenin and Philosophy and Other Essays*. Trans. Ben Brewster. New York: Monthly Review, 1971. 127－86.

Naomi Schor. "Blindness as Metaphor." *differences* 11 (Jan 1999) 76－105.

Pang-yuan Chi. "Forwoard." *Three-Legged Hourse*. By Cheng Ch'ing-wen. Ed. Pang-yuan Chi. New York: Columbia University Press, 1999.

Rachel Adams. *Sideshow U.S.A: Freaks and the American Cultural Imagination*. Chicago: Chicago University Press, 2001.

Robert McRuer. "Disabling Sex: Notes for a Crip Theory of Sexuality." *GLQ* 17 : 1 (2010).

Rosemarie Garland Thomson. *Extraordinary Bodies: Figuring Physical Disability in American Culture and Literature*. New York: Columbia University Press, 1997.

Sharon L. Snyder and David T. Mitchell. "Re-engaging the Body: Disability Studies and the Resistance to Embodiment." *Public Culture* 13 : 3 (2001) 367－390.

Sigmund Freud. *The Interpretation of Dreams*. 1900. The Standard Edition 4 : 1－338 ; 5 : 339－625.

女性の叙階の問題をどう理解するか

——ジェンダーの視点から

長島　世津子

断罪と忘却

カトリックの世界で今日いわばタブー視されている話題の一つに女性の司祭叙階問題がある。近づかない方が無難だと感じるのはそれなりの理由がある。このテーマに関してはバチカンがこれまで教書を通して「女性の叙階はあり得ない」と十分すぎるほど答えてきた。そうである以上答えは出ており、あとは従うまでで、問いを立てたくなる誘惑はむしろ教会への忠誠にもとる姿勢と見なされがちである。しかしながらこれは神学の問題であると同時に、優れてジェンダーの問題である。その領域において検証されるべき問題を信仰の名の下に蔽ってしまうためかえって解決の糸口を見失いかねない結果を呈しているのではなかろうか。

この問題を取り上げるたびに、私は、カトリック教会を愛し、信仰の広く豊かな枠組みに止まりながらも、自分の良心を偽ることなく率直に問いを投げかけたい一信徒である立場を明確にする必要を感じる。さもなければいとも簡単に望まぬレッテルを貼られかねないからである。

私たちはそもそも生まれ育って馴染んだ社会の文化にすっぽり染まっており、その中で推奨されている感覚や判断の仕方と異なるものを一瞬で弾いたり色分けすることによって自分を未知の危険から守ろうとするごく当たり前の自衛本能を持っている。その自然なラベル分け衝動と、内なる霊のむしろ遠慮深い促しに心を開こうとする識別の違いに光をあてることからこの問題の入口が見えてくるようである。

かつて新型の豚インフルエンザが世界レベルで広まった際海外を旅していた私は、国によってその対応に差があるのに驚かされた。一斉にマスクをかけているわが国と、そうするどころか検疫すら空港で行わず個人の判断に委ねる国と、豚の皆殺しをはかろうとする国、旅行者全員をホテルに留め置いて移動を長期に渡って禁じた国と多様に分かれた。それぞれの国民は、異なった他の文化を背景にした対処、判断の仕方を奇異に感じ、同じ判断をしないという理由で批判的な目を向けがちであった。

人間の歴史においても然りである。私たちがごく当然と思っていること、例えば女性が選挙権を主張することから男性同様のファッションを纏うことまで、かつてはギロチンを覚悟しなければできなかったのである。それが女性としての本質に反した行為として考えられていたことなど、今日の私たちには思いもよらないであろう。奴隷制がいかに人権に反するか、その非人間性に異を唱える人は私たちの中にいないであろうが、その制度の正当性を繰り返し教会が回勅を通して説いた時代があったことも忘れがちである。

また、神がそのようなあり方を認めるはずがないと教会の権威が確信していたのに、そうではなかった科学的真理の解釈の誤りの例として、ガリレオの地動説もある。その当時の教えと異なった立場に現代の私たちが与していることは非難に値するであろうか。

自分の馴染んでいない文化や価値観の同時代人への違和感から始まる断罪と、今日に到る歴史的変化への無関心を支える忘却の二つを指摘するという前置きなしには女性の司祭叙階の話題を切り出せないカトリックの文化背景があるからである。

●女性司祭はジョークか●●●

二〇〇九年にロンドンで開かれた女性司祭の叙階をどう考え推進するかＷＯＷ（世界女性叙階ネット）の運営委員会にオブザーバーとして出席する機会を得たときのことである。出かける前から冗談だろうと友人たちに揶揄されたものである。

もっとも、女性司祭に関して私にはある程度免疫ができていた。その前年、聖公会の人々が企画したパレスチナの女性会議に参加して、生まれて初めて女性司祭二人に出会い行動を共にしていたからである。この異文化体験でショックであったのは、彼女たちが司祭であるということが、ごく自然であったということだった。二人ともバランスのとれた判断の女性で、人々の心の痛みを女性の感性で感じその癒しの可能性を探っていた。そして祭儀を司るとき、司祭は男性も女性もなく一緒に取り行っていたのである。百年も前なら男性の美容師に髪を触られることなど考えもしなかっただろうが、いまでは自分の心の傾きをより的確に捉えてくれるプロを、男性も女性もなく選ぶのが自然であるのと同じようにである。

ただしカトリックでは女性の司祭叙階はあり得ないと思うのが普通である。教書にも「キリストは一二人の弟子を選び女性を選ばなかった」と書かれているし、そうした話題を口にするだけで何か有害なネットウイルスに触れるような嫌悪感をあらわにする人もいる。むしろ聖なる役割を担っている人々のほうが多く、危機感や恐怖感にそれが裏打ちされているので情け容赦ない愛を欠いた態度を取りがちである。

「でも本当だろうか。」と問い直す自由と勇気を与えてくれたのがＷＯＷの意義であった。「キリストは確かに一二人の弟子を選び女性を選ばなかったが、それならユダヤ人しか選ばなかったこと、漁師や税吏しか選ばなかったことはなぜ不問にされているのか」「そもそも彼がしなかったことで教会が新しく始めたたくさんのことがあるではないか」「本当に女性はこれまでの教会の歴史の中で叙階されていなかっただろうか」「このまま司祭召命が減少し、また司祭の性的なスキャンダル事件が増えていっていいのだろうか」「キリストはあのように女性たちを大切にしていたのに、教会は本当に女性を対等な人格として理解しているのであろうか」……。自分の心に正直になるとさまざまな問いがあふれてくる。

私たちがこれまで教えを通して明確に理解していることは、司祭職、王職、預言職は洗礼によってすべての人間に与えられるものであり、少なくともその洗礼において男女の区別はないということである。人々を代表して神の前に立つという目的のためにキリストと一致することに、それほど性差が影響するのであろうか。

●踏み出す女性たち●●●

私が立ち直れないほど驚かされたのは、すでに司教によって按手され叙階されたカトリック女性の司祭たちが米国だけで三〇〇名を超えており、彼女たちを支える共同体が増え続けているということである。当然ローマが破門その他の呼びかけで規制に乗り出しても、そうした破門が信徒たちによって無視され続けているようである。女性司祭叙階に関連した会議に講演者として出席することは破門を意味すると教唆された修道女を、その修道会全体が支えると宣言し、また国連から言論の自由を守るよう呼びかけられ、結局破門騒動はそのままになった経緯も伝えられている。叙階を推進する人々は、「いつまでも変わろうとしない以上踏み切るしかない」と述べているのである。

私自身はそのような形で見切り発車する女性たちに到底同意はできない思いがある。結婚生活においても、夫婦が全く対立した意見を持った場合、どんなに困難であっても、どんなに時間をかけても、コンセンサスを得るようお互いが理解し合い、歩み寄るまで踏み止まるべきであると信じている。向き合う以外逃げ場がない夫婦たちは、きちんとした夫婦喧嘩を通して関わりがバランスを取り戻す努力の中で、より親密な関係に成長していくことが可能となるのである。

しかし一方で大きなジレンマも感じている。なぜローマはそうした女性たちと対話的に関わろうとしないのか。なぜその希望に敏感にならないのか。いま問われているのは関わりの姿勢ではなかろうか。彼女たちが見限る前に、母なる教会も女性側からのチャレンジを押さえ込まずに、柔軟に歩み寄る姿勢を取ってほしいと切望している。真摯な対話を通して初めてキリストの命は私たち神の民の中に息づき深まってくるはずだからである。

他方、何もしなければ何も変わらないということも真実である。大きな変革は常に一歩先を行く犠牲的行為を伴ってきた。「断頭台に立つ権利があるのだから演壇に立つ権利もあるべきだ」と主張していたオランプ・ド・グージュは危険思想家と見なされていた。もし彼女が断頭台に露と消えなかったら、私たち女性は選挙権などいま当然のように手にしてはいなかったであろう。

裁く前に、新しいゆえに奇異に感じられる動きが異端であるのか、時のしるしであるのか、祈りのうちに柔軟な心で識別していく姿勢が不可欠である。

会議を通して男女の真の対等性は、教会においては女性司祭の叙階から始まるべきだと考える熱く燃える人々の真剣で誠実な気持ちに触れることができた。

もちろん権利がすべてではないし、対等性もすべてではない。物事の是非を識別する基準がキリストの教えであること、これがキリスト者とそうでないものを分ける確かな土台であることにいささかの疑いもない。

例えば女性の叙階の可能性について、もしキリストが「女性は司祭にすべきでない」と明らかに教えているとしたら、それでその議論は完結している。神の選びには誤りようがないし、それを無条件で受け入れるのがキリスト者であろう。

ただし、今日の世界においてキリストの復活のいのちを男女がともに対等に分かち合おうとしない信仰に、人々がどのような光と時のしるしを感じることができるのかは別問題である。

「その時の選び」は変わり得る？

問題は、キリストが定めたと解釈する土台となっている根っこの部分が、実は多分に社会的、文化的、歴史的に培われてきた感覚や慣習によって固められている可能性があるのではないかということである。

古い起源を持つ伝統が長く続いているものほどそのことにすっかり盲目になってしまいがちである。そのため、それが第三者には明らかに不適当だと判断されても、それが信仰に基づいているものだと確信して擁護し、その正当性を主張してやまないこともあり得るのだ。

それと同じような可能性が女性の司祭叙階に関しても言えないであろうか。極めて遠慮がちにささやかれてきた問いもある。「キリストは女性を弟子に選ばなかった」と教書が記すとき、キリストが生活したその時には女性を選ばなかったとしても歴史の進展の中で他の選択の余地の可能性を残した相対的な選びであった余地はないのであろうか。公生活の最初に新しいイスラエルの始まりを示すために旧約の一二家長になぞらえて一二人を選んだその時女性を排除していたとしてもそれは「その時の選び」であって、人間の社会的、文化的、歴史的発展の流れの中で変わり得る可能性を持っているということはないのであろうか。

キリストは確かに一二人の男性を選び女性は選ばなかった。しかしその論法をその時の例のみに注目して続けるならキリストはユダヤ人のみ選び欧米人もアジア人も選ばなかったし、キリストは一二人のみ選び、今日のような多数の司教や司祭は選ばなかった。そしてそのときキリスト自身が選んだのであり他の誰も代理に立てなかったのである。

例えば「秘蹟」をはじめとする数々の制度や慣習も、キリストが当時始めたわけではないのに教会の歴史の中で定められてきたではないか。なぜ私たちは問うことを恐れるのであろう?

女性の司祭叙階を文化的偏見を超えてより本質的な考察を深めていく上で、まず神学的側面からジョン・ワインガーズを取り上げ、次いで今日の世界における女性の立ち位置について述べ進めたいと思う。

●女性はなぜ司祭になれないのか●

女性はなぜ司祭になれないのか、まずこの問題に関しての神学的聖書学的に優れた示唆に富んだ書として、ジョン・ワインガーズの『女性はなぜ司祭になれないのか(1)』を挙げたい。

初めてこれを手に取ったときに、私は異端の書に出会ったかのような警戒の念を抱き、心をたちまち武装したものである。ロンドンでのWOWの席で彼に直接会い、そのシンプルで謙遜な人柄に触れることができたため先入観を取り除いて改めて読み直す動機を与えられたのは幸いであった。

この書は神学的にも聖書学的にも深い見識を持って生きてきた一人の神学者が、たまたまインドのバンガローで開かれる教会の奉仕職についての全国研究セミナーの準備のため依頼された女性の奉仕職についての研究を行う中で「一生を変えてしまうような発見」をするに至り、そのテーマに踏みこむほどに、不幸にして私たち女性の立場にそっくり身をおかざるを得なくなった友人の良心に基づいた書と理解すべきものだと理解できたのである。

ではワインガーズはどのような視点から女性の司祭叙階に関する教書に異議を申し立てることを試みたのであろうか。

●カッコウの卵伝

主として米国から起こった男女平等の権利と対等な機会の獲得を目指した第二波と呼ばれる女性解放の大きなうねりが世界に広がっていった一九七〇年代に、教理省は教皇庁聖書委員会の助言を無視するかたちで、『インテル・インスグニオーレス』(役務的司祭職を女性に認めるかどうかという問いに関する宣言[2])において、女性司祭叙階に関するこれまでの議論に再度反対の意を宣言した。ワインガーズは、こうした宣言は神の御意志であるというよりも、教会が、女性の劣等な地位を定めているローマ法、男性の所有物としての女性の地位を定めているそれを取り入れた結果であると述べている。

そのローマ法を彼はカッコウの卵にたとえている。すなわちカッコウは他の鳥の巣にその鳥の卵の斑点の模様まで真似た自分の卵を産み落としてその巣の親鳥に育てさせる。しかも卵が孵った二十四時間内、まだ目も見えない裸の姿の間に幼いカッコウは、巣の主の鳥の卵や雛を蹴散らしてつき落とし、巣をわが物にして親鳥の雛に見事に納まってしまうのである。キリストの愛の教えとは似ても似つかぬ異邦のローマ法における女性の劣等な地位解釈がいつの間にか教会に根を張り、折に触れて力を発揮している様を描いている。

カッコウの卵とはいかにも言い得て妙である。このたとえが女性たちの心に直に響くとしたらそのような体験に裏打ちされているからではないであろうか。これまで学問体系は体験のような尺度を極力除外するのが常であった。客観性を旨とし、すべての資料も客観的尺度によって清められ測られねば学問の基礎として信頼を得ることはできなかった。しかしながらどの資料を用い、どの資料を捨てて道筋を立てるのか、その取捨選択をするのは紛れもない私という主体であり、主観そのものである。体系を立てていく私を支えているのは体験に基づいた直感から出た洞察に他ならないのである。

すなわち女性たちはこれまで祈りの中で触れることのできた福音のメッセージに溢れるほどの神の愛を体験していながら、組織としての教会の歴史の中で培われてきた女性像との乖離に苦しまなかったであろうか。これまで信仰を誠実に生きてきた女性たちがカッコウの卵を神のみ言葉の実りとあえて一致させようと意志的に努めながらも，自尊感情を砕く辛い体験を重ねてこなかったとしたら、このたとえをそれほど共感を持って理解することもなかったのではなかろうか。

●もう一つのカッコウの卵

女性への偏見と差別が教会の歴史の中でどのように育てられてきたかをたどると、奴隷制を当然と考え、また支配される劣った性としての女性観を持っているアリストテレス等に代表されるギリシャ哲学というもう一つのカッコウの卵に行き着くことになるとワインガーズは言っている。教会はアリストテレスの哲学を取り入れ、それがトマス・アクイナスに引き継がれたため神学者や教皇に大きな影響を及ぼして行った。しかもそれが聖書の枠組みの中に見事に整えられているため、キリストの本来の教えとは異質なカッコウの卵であることに気づかないのである。

●伝統的、文化的な偏見

「キリストは最後の晩餐で男性の弟子のみ選んだ」という一節を、女性を司祭に叙階しない根拠としてきた教会の主張はむしろ偏見に基づいているようである。少なくとも九世紀まで女性たちに秘跡として叙階を授け助祭にしていた事実があるのにそれを見ようとしない文化的偏見によって支えられているのである。

すなわち女性は肉体的、知的、情緒的すべての面で男性に劣っているため人類の堕落の原因となり、エバの罪の呪いを受け継ぐべき身分を負うことになったとされている。また旧約時代からの浄不浄の観念がしっかりと生き続けていて、いのちの基盤である月経を不浄としそれに対する嫌悪感からタブー視されその期間は聖体拝領も許されなかった。さらに今日の科学においてDNAは父母の双方から半々受け継ぐ事実が明らかとなったが、未来の子どもを含有するのは男性の精子のみであると信じられてきたため女性は命を生み出す主体というよりは、借り腹にすぎない不完全な人間であるという理解が偏見を強化してきたのである。

ワインガーズは「女性の劣等な身分」と「教会による女性の排除」を正当化する五つの論拠があり、それが女性の叙階を拒む伝統的な論拠となっているとしている。すなわち

（1）男性とは異なり女性は神の似姿としてつくられてはいない。女性は男性に従属すべき存在である（「創世記」一章二六―二七節、二章二一―二三節、「Iコリント」一一章三節、七―九節）

（2）女性は教会内で教えてはならない（「Iテモテ」二章一一―一五節、「Iコリント」一四章三四―三五節）

（3）女性はまだエバの罪の重荷を負っている（「創世記」三章一三―一九節）

（4）キリストは一二使徒の中に女性を一人も入れなかった（「マルコ」三章一三―一九節）

（5）女性は完全な人間ではないのでキリストを代表することはできない

を挙げている。

こうした偏見がいかに成長への願望を矮小化し、アイデンティティ形成を歪めてきたか、女性たちが歴史

の流れの中で体験レベルで共有してきた領域である。

●議定書に見る女性司祭叙階●●●

女性を司祭に叙階しない根拠として「キリストは最後の晩餐で男性の弟子のみ選んだ」という理由を挙げてきた教会の主張は初代教会において少なくとも九世紀まで東西双方とも女性たちに秘跡として叙階を授け助祭にしていた事実が複数発見されていることを見落としている。

教理省は初代教会の女性が助祭として働いていた事実は認めているのだが、叙階によってではなく祝福のようなものであったとしている。しかしそれが叙階であったという根拠の一つとしてフランシス・バルベリーニ枢機卿はフィレンチェ聖マルコ修道院の図書館で見つけたアンシアル字体の写本（九―十二世紀の間。内容は六―八世紀にかけてのビザンチンの儀式慣行を記したもの）を一六四七年にヤコブ・ゴアがラテン語に訳したものを挙げている。それによれば男性と女性の叙階候補者への儀式書（取り次ぎ、按手、任命、聖体配布）はほとんど同じである。(3)

儀式書によれば男女双方の助祭叙階はミサ聖祭の奉献の後の厳粛な瞬間に

「常に病む者を癒し、欠けたところを補って下さる聖霊が、彼・彼女が相応しい助祭になれるよう彼・彼女の上に下るように祈りましょう。」

のテキストを読み、司教の按手によって行われていた。女性の叙階候補者への按手の儀式書は以下のように続いている。

「司教は彼の手を彼女の額に置き、三回十字の印をして祈る。『聖なる全能の主よ、あなたの独子である私達の神が肉によれば処女マリアから生まれた事により、女性の性は清められました。あなたは男のみでなく女にも聖霊の恵みと祝福を与えてくださいました。主よ、このはしためを顧み、あなたの助祭の奉仕職に聖別して下さい。そして彼女の上に豊かな聖霊を注いで下さい。彼女が常に、あなたに喜ばれる正当な信仰と、非難されることのない行いによって自分の聖役（leiturgia）を果たすことが出来るように、彼女を守って下さい。あなたに全ての栄と誉がありますように[4]』。

文化的な偏見を制度化するに至った反女性慣例の力は、儀式に内在するこのような荘厳な力すら、飲みこんでしまうほど強かったと言えるのではなかろうか。西のラテン教父たちは明らかに文化的な偏見に基づいて教会会議を重ねる度に制限規定を加え、十二世紀にグラティアヌスが反女性慣例を教会法に入れて制度化していった。一方東のギリシャ教父たちの中にマリアを通してこそ人類の救済が全うされたとする聖イグナティウスによってマリアを司祭として崇め、その賛美歌も七世紀には見られ、その伝統はつい最近まで教会の中に続いていたのを私自身も記憶しているが、それが意図的にせよ自然にせよ、気づいたときには消えていた。

九世紀までギリシャ語圏においてその実名まで明らかにされている女性の助祭たちがなぜ歴史上からその姿を消したのであろうか。なぜかつて存在していたものが姿を消したのか、ある神学会の席上神学者の質問を受けて返答に窮したのは、ジェンダーの問題として正面から取り上げる用意が私自身にまだなかったからであろう。すなわち女性の叙階制度が教会から姿を消したのは旧約の時代からの浄不浄の観念抜きには理解できないジェンダー問題が底流にあるからである。

一つは女性が月経周期を持つため女性助祭の奉仕による「儀式の穢れ」を懸念してである。もう一つはその時代の洗礼の仕方が影響している。当時洗礼志願者は全裸で洗礼を授けられねばならなかったため、女性洗礼志願者に全身くまなく塗油するためにはどうしても女性の助祭が必要であった。ところが大人の洗礼から幼児洗礼へと移行していったため、古代シリアの典礼に述べられているような女性の助祭による儀式への助けの必要がなくなったのである。そのようなジェンダー解釈を受け入れるかどうかが女性叙階問題理解の柱の一つではないであろうか。

●異議のためのスペース●

教皇ヨハネ・パウロ二世と教理省は、女性司祭叙階の禁止を信仰の領域の問題として位置づけた。すなわちその教えに賛同しない者は教会の完全な交わりの中にとどまれないとしたのである。(5)これは教義の不謬の宣言ではないとはいっても、教皇はその介入に際して自分の立場を不謬の普遍的教導職、すなわち国際的な司教団の総意に基づく教説として権威づけている。

それに対してワインガーズは『ドヌム・ベリターティス』(6)にあるように、制度の中でも異議のためのスペースがあること、また『現代世界憲章』六二項、にも「信者たちに、すなわち教役者にも信徒にも、研究と思想の正当な事由、自分の専門の分野において謙遜と勇気を持って自説を発表する正当な事由を認めなければならない。」と書かれていることを挙げている。すなわち言論の自由は神学上の従順と矛盾するものではあり得ず、「教会に対する真の忠誠は真理に対する忠誠を意味し、それは敏速に従うことよりは、むしろ進んで疑問を発することを要求」していると述べている。

これまでキリストの権威において判断してきた教会が常に正しかったわけではなかった。何世紀か後に奴隷制の誤りを認め、ガリレオの科学的真理に対する謝罪をしたのであるから、失われた時間と犠牲はすでに償われていると見なすのか、もっと早く異議申し立てに真摯に耳を傾けるべきだったと失われた時間と犠牲を惜しむのか、教会の「時」への姿勢が問われている。

●異議申し立て――あるべきスペース●

異議を唱えた人々が歴史を通して教会の中枢に居続けたことは教会の成長のための多大な貢献と見るべきである。彼らは内なる促しを無視しなかった。その勇気のお蔭で人々はその誤りを修正する機会が与えられたのである。ただしそのために彼らは気の遠くなるほどの時間とさまざまな犠牲をしばしば払わねばならなかった。その拠り所が「異議申し立て」である。それは時として破門と背中合わせのきわどさに脅かされながらもあるべき姿として許容されてきた。

ジョンワインガーズはその著「女性はなぜ司祭になれないのか」を通して神学の分野から教書に関する申し立てを試みようとしているのである。これはドヌム・ベリターティス――「神学者の教会における召し出しに関する指示」の一文にあるように「制度の中でも異議を申し立てるための」あるべきスペースとして位置づけられている。その拠りどころは自分の良心に従っているという確信であるが、権威はそのささやかな声を封じ込むことも、反対にそれに耳を傾けることも可能である。「異議に耳を傾ける余地を残そうと努力しない制度は硬直化してしまい、人間の歴史とともに歩まれる神のスピードに遅れをとる」ことを彼は危惧している。

●女性たちの「異議申し立て」●

女性司祭に関するこれまでのカトリック教会の「頑迷」なまでのスピードの遅さにいわば見切りをつけた「女性司祭」たちもすでに数多く誕生しているのは事実である。彼女たちは三名以上の正当なカトリック司教たちによって按手されているのでその叙階は有効であるが、司祭としてミサを挙げることは教会に禁じられている。そこで踏みとどまる「司祭」たちもいれば、破門の警告を無視して司祭としての活動をアンダーグラウンドで続けている「司祭」たちもおり（米国だけで三〇〇名以上）、彼女たちを支える共同体も増えつつある。彼女たちは「異議申し立て」をしなかったわけではない。むしろこれまでバチカンにたびたび対話を申し込んできたが、彼女たちの言葉を借りれば「権威はそのささやかな声を封じ込む」ことを選んでいるという。

女性司祭叙階のためにカトリック神学者が社会的生命を賭して申し立てを試みることは女性たちにとって強力な支援であることは事実である。しかし「女性司祭叙階」が女性性そのものへのテーマである以上、神からの所与である女性性に内包されている光を生きるよう呼ばれているはずの女性が不在のまま教義の表現上の欠陥を改めることが真の意味で可能であるのか私には理解できない。

特に残念なのは、女性に関するテーマを女性なしで論議し結論づけてきた教会の単性的・非対話的構造への無自覚である。女性たちが恐らく最初に直面するのが「教会は自身の事はたなに上げて、あらゆる領域において男女が平等であることを支持しているとどうして言えるのか」というごく単純な疑問であろう。それは体験レベルの実感からくるものである。

私たち信徒の異議申し立ては『現代世界憲章』によって担保されている。[7] しかしながら信徒、特に女性たちの異議申し立てを神学および研究の専門性という学問的な切り口に限ることなく、女性性という神に与えられた召し出しを生きる多面的な女性たちの経験と生き様の中で実存的に育まれてきた問いそのものにも門戸を開く必要がないであろうか。

また秘跡としての結婚の召し出しにはその領域特有の光が内包されているはずであり、一つの秘跡を秘跡たらしめる根源にある生命的な光を探しながら他の秘跡の中にそれを探し求めようとする模索の中からの申し立てもあってしかるべきであると思う。

善意の第三者の視点の必要性

伝統と慣習の陥りやすい硬直化を解き、新しい方向づけに向かわせるのがこの善意の第三者の視点――あるいは知られざるキリスト者の視点というべきものである。民族、国籍ばかりでなく宗教の枠をも超えて現代社会の良識ある善意の人々が良心と向かい合いながら対話的に「より人間的な」社会の理想を模索している視点である。

すなわち奴隷制を廃したり、いのちや弱者を守るためにあらゆる知性を使っての意識化、環境および福祉面の整備に心を砕き、核のない世界を熱い心で実現しようとするグローバルな動きを支えてきた。生活面においても社会面においても不利な状況におかれていた女性たちが一九六〇年代に始まった公民権運動において黒人たちとともに立ち上がり、やがて男性と対等なチャンスと責任をとれる世界を目指す運動を擁護し応援してきた。その下支えによってこれまでの固定的性役割分業意識に基づいて女性を社会の場から締め出すことなく、性に基づくあらゆる形態の差別を撤廃することを目指す女子差別撤廃条約が国連で採択されたのである。女性を特定の役割から解放することは結局男性たちが締め出されていた家庭の生命的な触れ合いへの復帰であり、女性の解放は双方にとっての人間解放でもあることに社会全体で気づいたからである。

教会に求められる対話的パースペクティヴ

『自分を愛する如く隣人を愛する』という教えを文字通り実践するなら、より人間的な社会の理想はまさに信仰の中心から素早く導き出されるはずであるのに、その先鞭をつけたのは教会の権威というわけではなかった。特に女性が男性と対等な機会と責任を与えられる社会の実現は、善意の第三者の寄与が不可欠であった。彼らが対話的なプロセスにエネルギーを注ぎながらパースペクティヴをつくっていくのに対し、カトリック教会の権威は単性的であることに固執しがちであり、同時にカッコウの卵と決別しきれていないため、開かれたビジョンを素早く持つことが難しいのである。

彼らはむしろ今日の国際社会の目指してきたこうした理念の中に時代の高みを読み取るのに戸惑い、時として逆に犠牲を払わせる側に組することが信仰であると見なしてしまうようなことはないであろうか。

かつて証人となる資格、相続権も選挙権も持てなかった女性たちが、いまでは男性と対等に職業や社会的活動に従事する機会を与えられ、同一労働同一賃金の目標に向かって国際社会が法整備を進めるようになったのであるが、これがひところ前であったらどうだったであろう。女性はそのように神につくられていないという説が神学的にも教義的にも補強されていたはずであろうし、今日でも女性の社会進出に関してその流れが途絶えたわけではない。

けれども国連に加盟し女子差別撤廃条約を批准した国々においては、あらゆる地方自治体に女性センターが建てられ、男女の対等な機会と地位の平等を推進している。とりわけ、性を理由に職業に就く機会に制限を加えられたり奪われること自体が一個の人間としての女性への差別として認識されているのである。社会における職業（vocation）が司祭職への召し出し（vocation）と同じ言語であることを考えれば、これからの教会のあり方を模索する上で何か示唆するものがあるのではなかろうか。

●司祭職の召命を感じる女性たち●

司祭たちの守護聖人としてリジューの聖テレジアの絵画を見慣れている私たちは、司祭たちの為に祈り犠性を捧げる隠れたパトロンとして理解してきた。その彼女自身の司祭職への熱い思いは意外であり、と同時に感動的である。

「もし私が司祭であったならあなたが天から来られる時、私はあなたを私の手でどんなに心をこめて拝領することでしょう。人々の霊魂に愛をこめてあなたを与えることでしょう。私は預言者や医者たちがしたように、人々の心を光で照らしたいのです。私は使徒になる召命を感じています。私はあなたの名前を知らせ、まだキリストを知らない地にあなたの十字架を建てるために全世界に行きたいのです。(8)」

「なぜ私は天使や司祭ではなく、修道女にならなければならなかったのでしょうか。」

「ああ、この地上で司祭になりたいと願う人は天国で司祭職の誉れにあずかるのだと私は思います。(9)」

もし彼女が男性に生まれ男子修道会に入会していれば、感じた召し出しに従って司祭叙階を受けることができたはずであった。女子修道会には男子修道会と同じ会則ながらその秘跡を受けるチャンスはないのである。今日司祭の召命不足は世界に蔓延しているが、それによってもたらされる教会の危機について論ずる前に周囲の可能性を見回してみることも必要ではないであろうか。

今日二〇〇カ国に迫る国々で批准され、世界の常識となっている国連の女子差別撤廃条約の中心概念は equal partnership, equal chance（対等なパートナーシップ、対等な機会）である。「政治的、経済的、社会的、文化的、市民的その他のいかなる分野においても(10)」、性に基づく区別、排除または制限を撤廃することを目指している。個人差によるのでなく、性を理由に社会におけるあらゆる機会に仕切りの壁を設けたり締め出しの理由を設けることを許さないというものである。それは男女平等、人権、基本的自由を認めそれを行使することを妨げるものであるからである。

教会の伝統ある制度において、その理念を実現すべく良心に従って意識化に努め奔走する「踏み切った」女性たちに、排除の極みである破門の勧告を向けようとすることに、どのような福音的メッセージを共に読み取ろうとしたらいいのであろうか。

信仰のセンスの選び

聖パウロは、キリストの洗礼は人類の中にあったいかなる社会的相違をも超え、消し去ったのだと断言した。

「あなたがたは皆、信仰により、キリスト・イエスに結ばれて神の子なのです。洗礼を受けてキリストに結ばれたあなたがたは皆、キリストを着ているからです。そこではもはや、ユダヤ人もギリシア人もなく、奴隷も自由な身分の者もなく、男も女もありません。あなたがたは皆、キリスト・イエスにおいて一つだからです。」(「ガラティヤ」三章二六―二八節)

イエスは神の国のカテゴリーとしての性差を廃したのである。あなたのお母さんがナザレトから遥々エルサレムにやってきましたよと弟子に言われたときもイエスは

「見なさい。ここに私の母、私の兄弟がいる。神の御心を行う人こそ、わたしの兄弟、姉妹、また母だ。」

(「マルコ」三章三四―三五節)

と答えている。性の相違、血縁、家族関係――それらすべてを超えて、その人間が主とともなる新しい秩序へ参加しようという心積もりがあるかどうかが彼の関心であり、全てを超えて神のみ心を行おうとするかどうかを問うたのである。このことは、また女性も男性同様の召命を受けていることを示している。

男女は神の養子として同等である。洗礼によって消し去られた差別が秘跡である司祭職において再生され

るのは矛盾に満ちているといえないであろうか。

いま私たちが問われているのは教会の本物の伝統を生きることである。それは定義された数々の教義の集合を擁する静的な教会ではなく、「イエスキリストが使徒たちに渡した信仰という生きた遺産、徐々に開示され明確化し広がっていくダイナミックな確信を対話的、共同体的に生きる教会」である。

第二バチカン公会議に行われた刷新の中心は、硬直的な位階制度モデル聖職者中心モデルから「神の民」の概念への移行、共同体モデルへの移行であった。すなわち教会とは信者の全共同体を意味し、その総体のコンセンサスを「信仰のセンス」と呼んでいる。それは信仰の真理に忠実であるとともに、その理解を深め成長を遂げていく生きた伝統である。カトリック教会の教理省の不謬性は、すでに神の民全体が誤りないと固く信じていることを公に表現しているのである。

「聖なる方から塗油を受けた信者の総体は（「Iヨハネ」二章二〇—二七節参照）信仰において誤ることが出来ない。この特性は「司教を始めとする全ての信徒を含む」信者の総体が信仰と道徳の事柄について全面的に賛同するとき、神の民全体の超自然的な信仰のセンスを通してあらわされる。事実、真理の霊によって起こされ、支えられているこの信仰のセンスによって、神の民はもはや人間の言葉ではなく、真に神の言葉を受ける」（「Iテサロニケ」二章一三節参照）　教会憲章No.12

同じ洗礼を受け同じ王職、預言職、司祭職を与えられた男性と女性両性の信仰のセンス、コンセンサス、複眼的視点が伝統に生命を与え、日々新たにダイナミックな成長を始めるのである。それは真理の霊によって活かされ支えられているゆえに「善意の第三者」の視点を凌駕すべきはずのものである。

それが十全に機能していない今日、司祭職への召し出しを感じる女性たちは善意の第三者の視点にすがる他ありえず、見切り発車の形で走り出している。私自身は心情的には理解できてもそのように見切ることに同意できないが、ただし希望を持って待つよう彼女たちを押しとどめ続けることが真に神のスピードであるとも言い切れない。

一九九八年のカナダのモントリオールで開かれたカトリックのシノドスでは参加者の六六％が女性司祭、七三％が女性助祭に賛成票を投じた。

一九九九年National Catholic Reporterによれば、カトリック信者の三分の一が女性叙階に賛成し、六三％が独身であるなら女性の司祭を受け入れ、五四％はたとえ結婚していても受け入れると言う。さらに六三％は女性叙階を決定するのに信徒の意見を聞くべきだとしている。[11]

男女がキリストにおいて等しく洗礼を受け、王職、預言職、司祭職を与えられた以上女性が司祭に叙階され得ることは信仰の根底に含まれているという確信、「信仰のセンス」がそれを選択したのである。

参考文献

（1）"The Ordination of Women in The Catholic Church" John Wijngaards, Darton Longman Todd, London, 2001（伊従直子訳『女性はなぜ司祭になれないのか―カトリック教会における女性の人権』（明石書店、二〇〇五年））。

（2）『インテル・インスグニオーレス』（Inter Insigniores, 一九七四年の*Inter Insigniores*, 役務的司祭職を女性に認めるかどうかという質問に関する宣言）。

（3）Euchologion sive Rituale Graecorum, Paris, 1647, pp.262 – 264 with notes on pp. 264 – 267.
この典礼文はアンダーグラウンドで使われたか、あるいはただ文書として残っているもので実際には使用されていなかったのではないかという質問を筆者が直接ジョンワインガーズに投げかけたところ以下の回答が送られた。

The Barberini manuscript is only one of many manuscripts in which the ordination rites have been preserved, including the ordination of women deacons. These manuscripts come from Constantinople, Cyprus, Sinai in Egypt, Athens in Greece, etc. From a study of all those manuscripts we can see that the rite was universally known and used.

You find a list of many manuscripts here: http://www.womenpriests.org/deacons/default.asp. If you click on each name, you can see the full text of the ordination rite in that manuscript. The whole process of how we can reconstruct the ordination practice of women deacons is best explained in my book: "Women Deacons in the Early Church"（Crossroad）, chapter 3. English edition: "No Women in Holy Orders?"（Canterbury Press）, also chapter 3. Both versions are available on Amazon.

（4）『女性はなぜ司祭になれないのか』引用。Euchologion sive Rituale Graecorum, Paris, 1647, pp. 262－264 with notes on pp. 264－267.

（5）Ordinatio Sacerdotalis「司祭叙階を男性のみに限定する教皇ヨハネ・パウロ二世の書簡」一九九四年五月

（6）「ドヌム・ベリターティス」（神学者の召命に関する教理省の声明）、一九九〇年の『ドヌム・ベリターティス』（Donum Veritatis, 神学者の教会における召命に関する指示）

（7）「信者たちに、すなわち教役者にも信徒にも、研究と思想の正当な事由、自分の専門の分野において謙遜と勇気を持って自説を発表する正当な事由を認めなければならない。」『現代世界憲章』六二項。第二バチカン公会議公文書（CONSTITUTIO PASTORALIS DE ECCLESIA IN MUNDO HUIUS TEMPORIS. 一九九三年一月二十二日、現代世界憲章　序文　司教パウルス）

（8）Story of a Soul, ed. G. M. Day, London, 1951, p.187.

（9）The text is quoted by E. Doyle, The Ordination of Women in the Roman Catholic Church' in *Feminine in the Church*, M. Furlong (ED), London 1984, p.41.

（10）女子差別撤廃条約　第一部　第一条　（一九七九年十二月十八日国連第三四回総会にて採択、日本批准一九八五年）。

（11）National Catholic Reporter : http://www.thefreelibrary.com/Montreal+synod+reflects+dissent.-a030272529. http://www.encyclopedia.com/doc/1G1-30272529.html.

環境と女性をめぐる批評的考察を目指して

岩政　伸治

本稿は、学際的プロジェクトである『二十一世紀の女子大学におけるジェンダー教育・研究確立への試み』において、私が専門とする環境批評という視座を大学教育、特に教養科目の授業へ導入することを目指すものであり、そのために行った過去の授業の計画と反省の記録であり、今後の授業実施に向けてのプロスペクタスである。進め方としてはまず、その原点にある批評というものが、何を意味し、日常においてどういう役割を果たしているのかを確認することから出発し、次に批評の枠組みから女性について、ジェンダーについて概観し、最後に二つのテクストを取り上げ、環境が女性そしてジェンダーとどのように関わるのかを示したい。具体的には、学生が日常口にする言葉をうまく活用しながら批評のメカニズムと役割を意識させ、日常において学生がジェンダーについて批評的な眼差しを持つことが本稿の狙いである。

人はみな批評家である——批評とは何か、なぜ必要か

ジェンダー教育を行うためにはまず、ジェンダーを理解し、ジェンダーについての認識を共有するための

基盤、言い換えれば批評的視点の構築が必要であることは言うまでもない。そのためにはまず、日常生活において私たちがものごとをどのように概観し、判断し受け入れているかを反省的に考察することから始める必要があるだろう。ここでは私が自分の授業から収集した学生の言葉を資料として提示し、分析という作業を学生と共有することを目指す。

学生にまず「人はみな批評家である」という意識を持たせる。そのために私たちが日常、どんなことを考え、言葉にしているのか、学生の声を以下の表として提示し、ここから議論を始める。

表１　「明日一日、思ったり感じたりしたことを記録して下さい」(1)

No.	学生のコメント
1	朝起きたけど眠い
2	目覚めの音楽、ラヴィーンの歌好き。自由って格好いい
3	髪の毛ぼさぼさ
4	今日の味噌汁しょっぱい
5	お母さん、今日化粧が濃くない？
6	外は、今日はいい天気だ
7	（電車の中）あの人の服キモい
8	この携帯のピンク、かわいい
9	（授業中）この授業退屈
10	教室が暑いから先生に暑いって言ったのに無視された
11	（お昼）このパスタ美味しい
12	（部活）ランニング中、この坂しんどい
13	自転車がぶつかりそうになってむかついた
14	帰宅中に出会った犬、かわいかった
15	（本屋）この本高い
16	（テレビ）お父さんに「お嬢さんを僕に下さい」というシーンにドキドキ
17	（テレビ）プロポーズに「毎朝僕のためにコーヒーをつくって」というのは遠回しすぎ
18	（夕飯）お肉がいつもより筋っぽい
19	新聞によると日本はTOEFLの成績がアジアで最低らしい
20	お父さん帰ってきたけど顔が赤い
21	お風呂に入ってさっぱり
22	部屋に出た虫をお父さんがやっつけた
23	いざというときにやっぱり男性は頼りになる
24	布団に入って、綿の肌触りが気持ちいい

学生はこの表を見て、一日中常に自分が体験したことについてコメントをしていることに気づく。学生がはまっているツイッター(2)という新しいコミュニケーションツールでかわされたやりとりを授業で分析することは、言語活動が実は批評活動でもあることを理解させる上で有効である。朝起きてから寝るまで、私たちは見、聞き、感じたことに何か語らずにはいられない、つまり片時たりとも批評せずにはいられないことに学生は気づくのである。

次に、抽出した表1のコメントを実際に学生と分析してみる。過去の授業では、表のNo.10にある、「教室が暑いから先生に暑いって言ったのに無視された」というコメントについて話し合ってみた。学生は「暑い」という教員への問いかけに対して、教員が何もしてくれなかったことに不満を持ったようだ。学生は「暑い」と表明することで、教員がクーラーのスイッチを入れてくれることを期待したという。ここで教室の学生に対して、「暑い」という言葉自体に、「クーラーのスイッチを入れてほしい」という意味があるかどうか質問を投げかけた。「関係ない」という反応に混じって挙がった興味深いコメントは、「それぐらい空気を読むのが普通」「言葉と言いたいことがずれてるのに初めて気がついた」であった。この議論で学生が得た収穫は、「暑い」という言葉は、先生とのやりとりにおいては「暑い」という事実を伝えると同時に「この暑さを何とかしてほしい」という意図が含まれているということである。批評において言われる、言葉が持つ「政治性」を学生が初めて意識する瞬間である。その一方で言葉には字義通りの意味とその背後に話者の意図があることに対して、私たちは日常ではほとんど無意識的である事実を学生は知るのである。日常の「つぶやき」の考察を通じて、普段は意識されていない、言葉が持つ意図について探ることが批評であることを理解させることができる。

ではなぜ言葉が持つ意味について探ることが必要なのか。今度は学生に、情報をできるだけ客観的に把握するために批評が果たす役割があることを意識させる。先ほどの表で、No.19にある学生のコメントを例に挙げ、学生に実際にアジア各国のＴＯＥＦＬ受験者の平均点の一覧を提示する。続けて、日本におけるＴＯＥＦＬの受験者の平均点が、アジアで最低レベルであることと、日本の英語教育の問題を指摘する新聞記事を学生に読ませる。[3] 数値自体はＴＯＥＦＬの制作および採点を行っている団体を信用する限り、客観的なものと受け入れられてよいはずであるが、問題は大手の新聞などでもこの事実を、短絡的に日本の英語教育の問題と断じて報じてしまうところだろう。一部のエリートしかテストを受けられない途上国と、簡単にコンピュータでアクセスできて、北海道から沖縄までの短大までが学校レベルで参加する日本の平均点を比べることと自体どこまで意味を持つのか。学生に各国の受験者数と受験者層の違いを認識させることで、新聞記事には、ＴＯＥＦＬの実施結果という事実の背景に、日本の英語教育の問題を指摘しようとする記者の意図があることを意識させることができる。なお過去に授業でこの問題を扱った際に、「女性は英語向きなのに対して男性は数学向きって聞いたことがあるけど本当ですか」という質問が学生から寄せられた。その理由を学生に求めたところ、「女性は数字が苦手だから」「おしゃべりは女の子のほうが得意」「女は情緒的で男は論理的ってお父さんが言ってた」という答えがかえってきた。これらのコメントを踏まえて「社会における女性に対する思いこみ」について次項で学生とともに考えたい。

●女性とは、ジェンダーとは何か

批評の目的と役割を確認した後で、今度は女性とジェンダーの問題について話し合う。具体的には、引き続き表１に挙げられた学生のコメントの分析を通して、男性と女性の違いについて一般的に流通しているステレオタイプ（＝ジェンダーバイアス）を取り上げる。今回は色や、服、男性や女性に対して使われる形容詞から感じられる印象の違いなどから、「女性」や「男性」といった概念が文化的に構築されてきたものであることを学ばせる。

色と女性

ここでは表1のNo.8にある「この携帯のピンク、かわいい」というコメントから、女性と色の関係について学生に話し合わせる。具体的には、親戚の家に赤ちゃんが生まれ、ベビー服をプレゼントするという設定で、男の子、女の子の場合どういった色がいいかアンケートを行い、またそれぞれの色に許容範囲がどのぐらいあるか話し合ってもらう。このアンケートの目的は、人は生まれた直後から性別によってそれぞれ違う色をあてがわれることで、色の好みが潜在的に構築される可能性があることを意識させることにある。

表2 「ベビー服の色」アンケート用紙

ベビー服の色	男の子	女の子
緑		
青		
水色		
クリーム		
黄色		
ピンク		
オレンジ		
赤		
ブラウン		
黒		

上記の表を使用して、自分だったらそれぞれ男の子、女の子に対してこの色を選べる場合には複数回答を可として○をつけてもらう。過去に実施した例では赤に近いほど女の子向け、青に近いほど男の子向けの傾向が高く、ピンクに関しては、男の子に対して選ぶことができると答えた学生は過去の授業で一度もいなかった。さらに、この性別によって押しつけられる色の好みが、かなり恣意的なものであり、国、民族によっても異なることを合わせて学習させる。

今度は以下に示す、アメリカのトイレで使われているピクトグラムをそれぞれ数秒間だけ学生に提示し、男性用か女性用か答えてもらう。

男性は黒または青系、女性は赤系という図式がアメリカのトイレではこの図を見る限り、当てはまっていないことを学生は確認できるであろう。トイレの表示に見る色の違いも色と性別の恣意的な関係を意識させるには有効である。

図1　アメリカのトイレの表示色の違い（左：男性、右：女性）

国や民族によってジェンダーを表す色は必ずしも一致しないことは言語の比較から考察することができる。表3にある英語を調べさせる。これらの英語を調べさせることで、色と色が表象する対象には恣意的な関係があることを言語の違いから理解してもらうことが狙いである。

表3　下記の英語の意味を調べなさい

No.	英語	意味
1	blue film	（ピンク映画）
2	green girl	（生娘）
3	red blooded	（男らしい）
4	rainbow flag	（ゲイのシンボル）
5	green-eyed	（嫉妬深い）
6	be in the pink	（元気だ）
7	yellow dog	（つまらない人）
8	pink elephant	（幻影）

この日本語と英語の比較を見ると、例えば一番目の比較において、ピンク映画をそのまま"pink film"としても通じないことが分かる。色の捉え方は生まれながらに備わっているものではなく、生まれ育った文化の中で後天的に獲得され、女性と色との関係も言語によって異なることをここでは確認させることができた。このように、男性だから何色、女性だから何色という発想は必ずしも固定されているわけではなく、むしろ文化的に構築されたステレオタイプであるという意識を授業で共有できればよいだろう。

性が異なるとネガティブに聞こえる修飾語

次に、性が異なることで、ジェンダーにまつわるステレオタイプの存在を意識させる。例えば表1のNo.22、23においてある学生は、虫を退治した父親を評して、「いざというときにやっぱり男性は頼りになる」とコメントしている。このコメントをきっかけにして、虫を退治する女性は頼りになるのかといった問題提起をさせ、ふだん無意識のうちに私たちがそれぞれの性別に当てはめているステレオタイプについてディスカッションをしてもらう。以下は過去に行った例をもとに作成したアンケートである。時間のないときはこの一覧に答えさせる形で話を進めてもいいだろう。

表4　ポジティブに聞こえる場合は○、ネガティブに聞こえる場合は×をつけなさい

修飾語	男性	女性
スカートをはく		
色気のある		
めそめそする		
内股で歩く		
編み物好きな		
たくましい		
ポーカーフェイスな		
あぐらをかく		
がに股で歩く		
たばこを吸う		

学生にはこの表をつくらせた後で、それぞれの修飾語とジェンダーとの組み合わせから感じられるポジティブな、またはネガティブな印象がどこからくるのか、その背景について議論させた。このディスカッションを行う際に、日本と海外の場合でどのような違いがあるのか留学生や外国人の教員に、また文化的な背景がどのように関わっているのか図書館などでリサーチさせることで議論がより深まることが期待できる。例えばスコットランドの伝統的なスカートであるキルトが男性の衣装であることなどは、スカートは女性がはくものという思いこみに対して有効であろう。

ディスコースの分析

これまで言語活動が批評活動であること、またその活動には私たちがふだんは意識していないジェンダーに対する思いこみが存在することを、学生が日常に感じたり思ったりしたことを対象として分析してきた。ここではこの分析の試みが、日常に流通しているさまざまな言語表現に対して行えうることを学生に明らかにしてもらう。表1に見られるように、学生の関心が高い、音楽とテレビドラマについて、学生のコメントを取掛りに考察する。まずは音楽について、例えば、表1のNo.2にある、「目覚めの音楽、ラヴィーンの歌好き。自由って格好いい」というコメントから、学生が批評の対象としている歌の歌詞を調べさせ、同じように分析をさせてみる。検索エンジンを使えばインターネット上で歌詞も大体は入手が可能である。今回学生がコメントしていたのはアメリカの若い世代から高い支持を得ているポップ歌手アブリル・ラヴィーンの"I don't Have to Try"という曲である。

I'm the one I'm the one who know the dance.
I'm the one I'm the one who's got the prance
I'm the one I'm the one who wears the pants
I wear the pants(4)

学生が調べてきたラヴィーンの歌詞を実際に提示し、何が読み取れるかをディスカッションさせる。過去の授業で学生から挙がったコメントは、「私はもうダンスの仕方を知っている大人」「女性の自立」「主導権を主人公が握っている意思表示」と、あらかじめ提示した「自由って格好いい」という別の学生のコメントに加えてこれまでの議論の積み重ねもあって、「女性の立場」を意識した分析がかなり見られた。

ここでようやく、ジェンダーの問題について具体的に学生に考察をさせることにする。テレビドラマについての学生のコメント（表1のNo.16、17）を取掛りにジェンダーについてディスカッションさせる。まず最初のコメント、「（テレビ）お父さんに「お嬢さんを僕に下さい」というシーンにドキドキ」については、「結婚相手はモノではない」と否定的な意見や、「こういう言い方ってもう死語じゃないか」という表現自体の時代錯誤を指摘する意見が聞かれた。学生には合わせて家父長制度の影響は考えられないか指摘するのもよい。一方で「毎朝僕のためにコーヒーをつくって」という表現から男女関係のステレオタイプが考えられないか問題提起をさせる。男性は仕事、女性は家事という考え方について意見を聞く。これに類似した、性別に特化した役割分担がないか、さらに発展的に、日本特有の暗黙の了解事項がないか考えさせる。少子化問題をめぐる以下の政治家の発言は、この問題を議論する上で有効なサンプルとなるであろう。

子どもを沢山つくった女性が、将来国がご苦労様でしたといって、面倒を見るのが本来の福祉です。ところが子どもを一人もつくらない女性が、好き勝手、と言っちゃなんだけど、自由を謳歌して、楽しんで、年とって……税金で面倒見なさいというのは、本当におかしいですよ。(5)

子供を産むこと自体は、女性にしか与えられていない性差として認められるものである。しかしそのことと老後の権利にどういった直接的な関係があるのか話し合ってみる必要がある。

以上の考察から、人は男性、女性として生まれるのではなく、社会の中でそれぞれ男性、女性となるジェンダーの考え方を学生が理解し、性差というものが、文化的に構築されうることを意識するという目標が達成できれば望ましい。その一方で、授業を運営する側として意見の誘導を反省する必要性を意識し、ジェンダーの考え方はそれ自体が独善的なものであるのか、性差に伴う社会の役割の違いを一方的に否定しうるものなのか、議論し、再考する余地を残しておきたい。そのためにはジェンダーフリー教育に懐疑的な立場の意見にも耳を傾けさせることは忘れてはならないだろう。以下に参考までに、少子化問題調査会がまとめた

中間報告の一部を紹介しておく。(6)

学校教育、家庭教育は、両親・祖先・子孫への思いを大切にする、子供・家族の大切さを実感できるものとすることが必要である。また、異性は互いに尊重し合い、身体的・生理的違いを認めあったうえで、人間としての尊厳を認めあうべきであって、行き過ぎたいわゆるジェンダーフリー的教育や制度は改めるべきである。

●ケース・スタディ——作品に見る環境とジェンダー●

最後に、「環境」という視点からジェンダーの問題について議論する。分析対象として、アメリカのネイチャー・ライター、エコフェミニスト作家であるテリー・テンペスト・ウィリアムス（Terry Tempest Williams, 1955–）の作品と、宮崎駿監督のアニメーション映画『もののけ姫』（一九九七年）を取り上げる。ここで文学作品とアニメーション映画を取り上げる目的は、社会においてジェンダーがどのように理解されているのかを知る上で、特定の人によって意識的に語られたジェンダーの歴史や議論よりも、メディア上に一般に流通している言説に見え隠れするステレオタイプこそがその認知度の高さから世相を繁栄したジェンダーバイアスとして抽出されうるからである。文学や映画といったメディアは、ニュースほどの即効性はないものの、その「賞味期限」の長さから社会への影響力が大きいのである。

ウィリアムスの「散らばった陶器のかけら」

ウィリアムスは自らの九・一一世界同時多発テロ体験を「散らばった陶器のかけら」（"Scattered Potsherds"）というエッセイに綴り、雑誌『オライオン』（*Orion*）のオンライン版に掲載した。(7) このエッセイは作曲家坂本龍一らが中心になって編集した『非戦』（二〇〇二年）にも翻訳されたものが収録されている。ウィリアムスはエコフェミニスト作家として知られている。エコフェミニズムとは、女性の抑圧と環境破壊に同じ抑圧の構図を見る考え方である。[8] ウィリアムスの場合は、男性対女性、文化対自然といった、これまでに文化的に構築されてきた固定観念をいったん捨象し、見失うことではじめて自分と世界との関係に目覚めるという、「自覚」の構造があり、その自覚に至る場所として環境が意識されるのである。授業ではあらかじめ学生に「散らばった陶器のかけら」を読ませ、以下の作業を予習として行ってもらう。

（1）各章の段落数を数えて記録させておく。

（2）私たちが無意識のうちにA＝Bだと思っていることを作品の中から抜き出してもらう。

（3）作品の中から二項対立（A対Bという図式）を抜き出してもらう。

（4）物理的な環境が作品の中でどのように使われているかを抜き出してもらう。

授業ではまず、上記の（1）から（4）までについて、グループでディスカッションをさせ、それぞれグループごとにディスカッションをまとめて発表してもらう。（1）については、下記のグラフを示して、「散らばった陶器のかけら」が持つ、段落における二つのクライマックスが、九月十一日に二

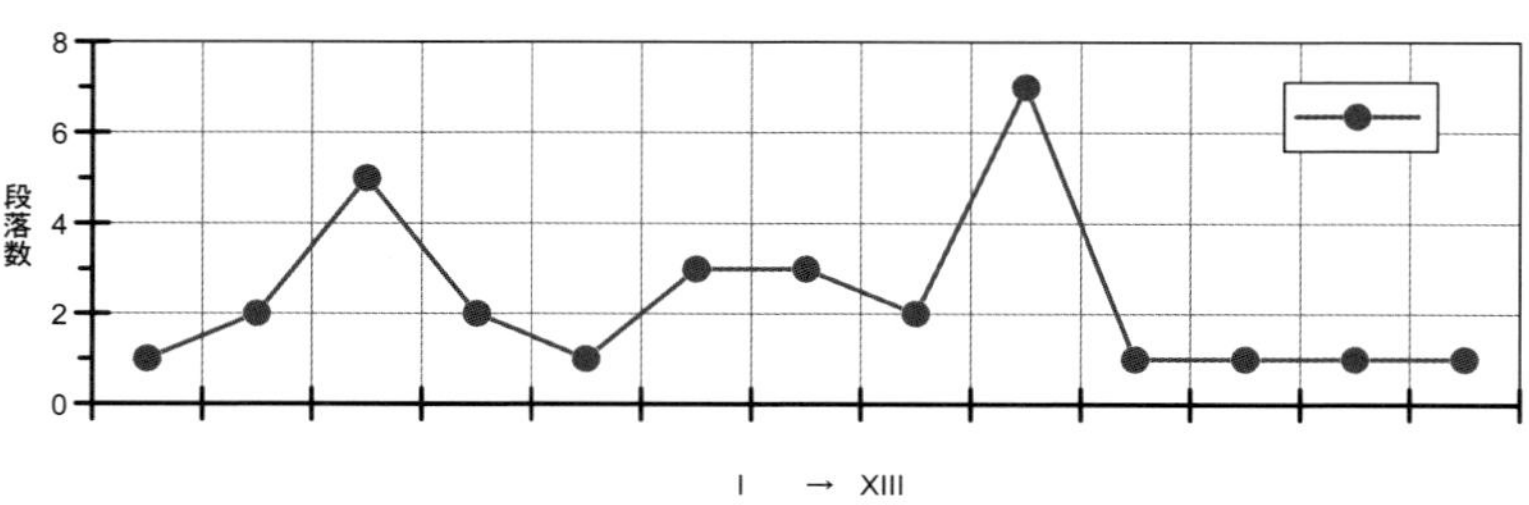

図2　各章の段落数

ユーヨークで観測された「地震」と同じ構造、すなわち実際の地震が持つ特徴であるP波とS波をイメージしていることを提示し、物理的な環境が、二〇〇一年九月十一日に起きた出来事が何であったのか、いままでの価値観とは違った方法でアプローチする契機となっていることを示唆する。続いて（2）では、学生に挙げてもらった項目のそれぞれが、現在における既存の秩序であり、この出来事をウィリアムスが、陶器にたとえられた既存の秩序の解体として描いていることを示す。（3）においては、同時多発テロの背景に見る政治的、文化的、宗教的、経済的対立を克服する可能性が、環境、自然が持つ母性的な側面であることを（4）で示された作品中で自然、環境が果たす役割に読み込むことができるかどうか、学生と話し合う。

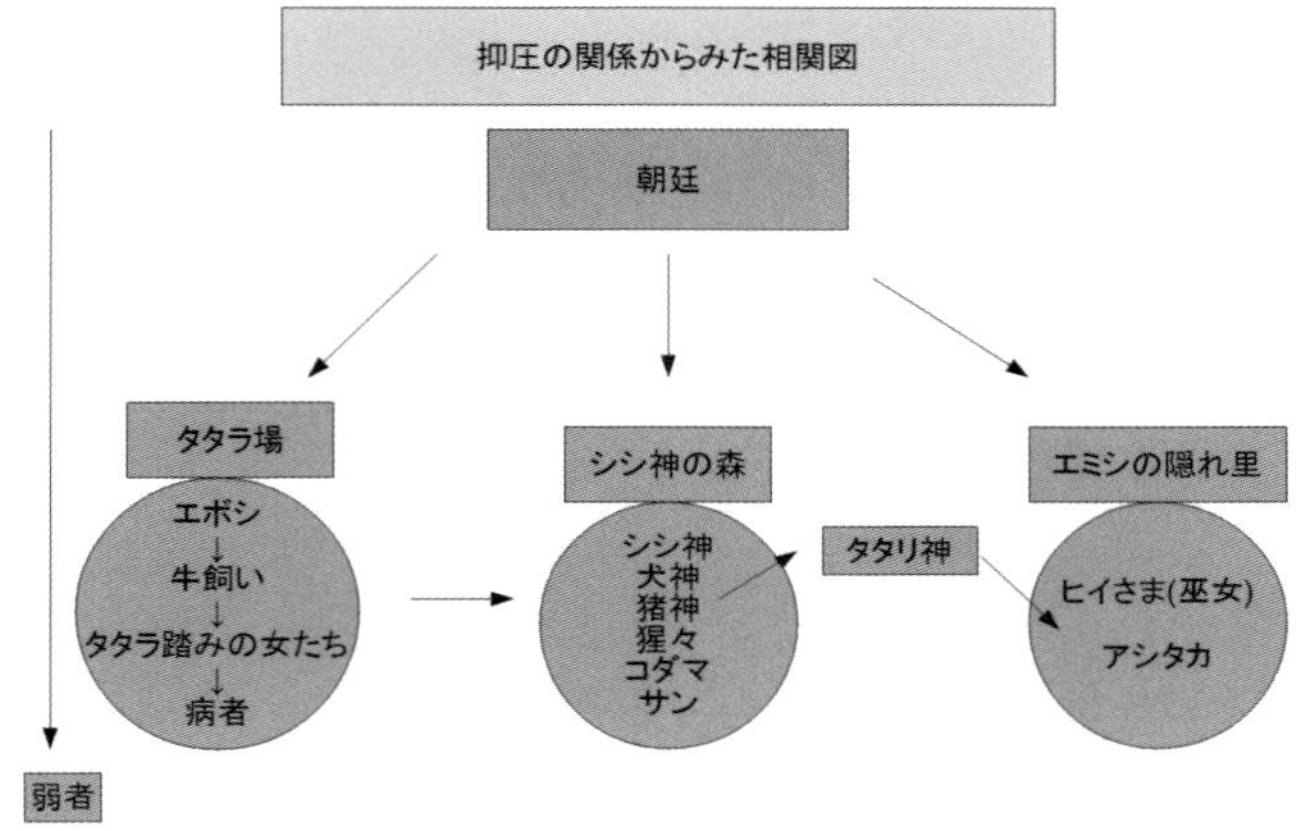

図３　抑圧の関係から見た相関図

『もののけ姫』

同じ抑圧の構図を女性と自然に対して見ることができるのが、宮崎駿が監督したアニメーション映画『もののけ姫』である。相関図に示したように、これまでに支配者側の視点から書かれてきた歴史観に対して、支配され抑圧されてきた側の視点から世界を捉え直している点において、『も

きてもらう。

ののけ姫』では女性も自然も同じ側に配置されているのである。学生には、予習の段階で以下の準備をしてもらう。

（1）映画の中で抑圧されている存在をすべてピックアップしてもらう。

（2）次の用語について調べてもらう。

エミシ、山犬、白拍子、烏帽子、ダイダラボッチ、タタラ場

（3）抑圧されている存在が、何によって抑圧を受けているかその構図を明らかにする。

（4）抑圧された存在の、その時代の中での位置づけについて調べさせる。

授業では、グループで（1）と（2）についてそれぞれ意見交換をしてもらい、さらに（1）で挙げたそれぞれの抑圧された存在の間での関係がどのようになっているのか、二人の主人公、エボシ御前とサンを中心に議論させる。学生たちが最終的に、エボシ御前とサンが抑圧された女性（タタラ場）と自然（シシ神の森）を代表しているという点で同じ構図上にあることを『もののけ姫』に見つけることがこの作品を分析する狙いである。

『もののけ姫』の考察は、いままで授業で取り組んできた批評と、ジェンダーの問題を総括する上でも重要である。歴史は主にその時代の支配者の側から書かれてきたが、文献が書かれた時代の隠された知のあり方を、文字を持たない女性の言葉から明らかにすることで、歴史が一つではないことを学生が理解する契機になるであろう。そして、批評の役割は支配された側からもう一つの史実を導くことであり、人間の立場をいったん捨象して、人間がよって立つところの場所、物理的な環境という場所から、女性の視点で世界を見直すことがここで重要な意味を持つようになるのである。

以上、学生に自分たちが日常目にし、耳にする言葉から、ジェンダーについて自らが、自分たちの力で自

発的に理解を深められるように授業計画を工夫してきた。後は学生たちが、自力でこの行間を埋めてくれることで、この授業が相互補完的に発展することを期待して報告を終わる。

注

（1）私の授業で不定期に実施した調査をもとに、批評について考える上で使いやすいものを意図的に抽出して提示した。さまざまな学生の声を拾ったものだが、朝起きてから寝るまでの時間軸上に沿うように並べてある。

（2）パソコンや携帯などを使って自分の感じたことを記録し、ネット上の不特定多数の人々と共有する仕組み、サービス。この記録する作業は「つぶやく」と一般的に言われている。

（3）“Are schools ready for English?” *Japan Times, The*（Tokyo, Japan）- Saturday, February 26, 2011.

（4）Avril Lavigne “I Don’t Have to Try” from the album *The Best Damn Thing*（RCA Records, 2007.）

（5）全国私立幼稚園連合会討論会（鹿児島市、二〇〇三年六月二十六日） http://www.soshiren.org/shiryou/20030708.html

（6）森喜朗、少子化問題調査会長「今後の少子化対策の方向について」二〇〇四年五月二十日（少子化問題調査会中間とりまとめ：http://www8.cao.go.jp/shoushi/kaigi/shidai2/ka2-2.html）

（7）Terry Tempest Williams, ‘Scattered Potsherds.’ *Orion on line*. New York, N.Y. : Myrin Institute. http://www.oriononline.org/pages/00/sidebars/America/TempestWilliams.html

（8）Gaard, Greta, and Patrick D. Murphy, eds. *Ecofeminist Literary Criticism: Theory, Interpretation, Pedagogy*. Urbana and Chicago: U of Illinois P, 1998.

執筆者紹介（掲載順、＊編集担当）

＊長島　世津子
1941年生。白百合女子大学全学共通科目教授、専門はキリスト教女性学教育・倫理。著書『女の子からの出発』（丸善プラネット、2011年）、『愛とケアの人間学』（丸善プラネット、2011年）、共著『応用倫理学辞典』（丸善出版、2008年）。

陳　芳明
1947年生。台湾政治大学台湾文学研究所教授兼所長、専門は台湾文学・歴史。著書『昨夜雪深幾許』（印刻文学、2008年）、『謝雪紅評傳（增訂版）』（麥田出版、2009年）、『台灣新文學史』（聯經出版、2011年）。

福田　耕介
1964年生。白百合女子大学フランス語フランス文学科教授、専門はモーリヤックを中心とする20世紀のフランス小説。共著『秩序と冒険―スタンダール、プルースト、モーリヤック、トゥルニエ―』（Hon'sペンギン、2007年）、『スタンダール、ロチ、モーリヤック―異邦人の諸相』（朝日出版社、2010年）、『映画と文学』（弘学社、アウリオン叢書、2010年）。

平沢　竜介
1952年生。白百合女子大学国語国文学科教授、専門は日本古代文学。著書『古今歌風の成立』（笠間書院、1999年）、『王朝文学の始発』（笠間書院、2009年）、共著『歌経標式　研究と注釈』（桜楓社、1993年）。

猪狩　友一
1957生。白百合女子大学国語国文学科教授、専門は日本近代文学。共著『硯友社文学集（新日本古典文学大系明治編21）』（岩波書店、2005年）、『国語国文学研究の成立』（放送大学教育振興会、2007年）、『日本の近代文学』（放送大学教育振興会、2009年）。

宮澤　賢治
1944年生まれ。白百合女子大学児童文化学科教授。著書『宮澤賢治―近代と反近代』（洋々社、1991年）、『漱石の文体』（洋々社、1997年）、『北原白秋―童心の彼方へ』（文伸、2006年）。

呉　佩珍

1967年生。台湾政治大学台湾文学研究所助理教授、専門は日本近代文学、日本植民地文学・文化。主要論文「向左轉？向右轉？—大江健三郎「純粹天皇」作品群初探」（『大江健三郎—從自我到世界』、中央研究院中國文哲研究所出版、2011年）、訳書『帝國的太陽下—日本的台灣及南方殖民地文學』（麥田出版、2010年）、“The Peripheral Body of Empire : Shakespearean Adaptations and Taiwan's Geopolitics”（Re-Playing Shakespeare in Asia, Routledge、2010年）。

＊釘宮　明美

1968年生。白百合女子大学宗教科准教授、専門は森有正を中心とする比較思想・キリスト教思想。共著『いのちに寄り添う道』（一橋出版、2008年）、『キリスト教をめぐる近代日本の諸相—響鳴と反撥』（オリエンス宗教研究所、2008年）、主要論文「森有正における『経験』の創造」（「現代文学」71号、2005年）。

土屋　宏之

1942年生。白百合女子大学英語英文学科教授、専門はアメリカ文化・文学。共著『アメリカ文学における夢と崩壊』（創元社、1988年）、共編著『読み継がれるアメリカ』（南雲堂、2002年）。

紀　大偉

1972年生。台湾政治大学台湾文学研究所助理教授、専門はジェンダー研究、比較文学。主要論文“In the Name of Enlightenment: Pedagogy and the Uses of Same-Sex Desire in Early Twentieth-Century Chinese Fiction”（「MCLC」AHCI、2005年）、「色情烏托邦—「科幻」、「臺灣」、「同性戀」」（『中外文學』Vol.35、2006年）、“Performers of the Paternal Past: History, Female Impersonators, and Twentieth-Century Chinese Fiction”（『positions: east asia cultures critique』Vol.15、AHCI、2007年）。

岩政　伸治

1966年生。白百合女子大学英語英文学科准教授、専門はアメリカ文学・文化、特に環境批評。共編訳『平和を作った世界の20人』（岩波書店、2009年）、編訳『ソロー語録』（文遊社、2009年）、共編著『アメリカ史』（アルク、2009年）。

文学、社会、歴史の中の女性たち〈I〉
——学際的視点から

二〇一二年二月二五日　初版発行

編著者　白百合女子大学
21世紀ジェンダー研究会
長島世津子
釘宮明美

発行所　丸善プラネット株式会社
〒一〇一-〇〇五一
東京都千代田区神田神保町二-一七
電話（〇三）三五一二-八五一六
http://planet.maruzen.co.jp/

発売所　丸善出版株式会社
〒一〇一-〇〇五一
東京都千代田区神田神保町二-一七
電話（〇三）三五一二-三二五六
http://pub.maruzen.co.jp/

組版・印刷・製本／富士美術印刷株式会社
ISBN 978-4-86345-116-2 C0090